品牌赋能

打造超级爆品的9大逻辑

ALL ABOUT THEM

Grow Your Business by Focusing on Others

[美] 布鲁斯·特克尔（Bruce Turkel）◎著
信任◎译

北京联合出版公司
Beijing United Publishing Co.,Ltd.

图书在版编目（CIP）数据

品牌赋能 /（美）布鲁斯·特克尔著；信任译 . —北京：北京联合出版公司，2019.5
ISBN 978-7-5596-3032-2

Ⅰ. ①品… Ⅱ. ①布… ②信… Ⅲ. ①品牌－研究 Ⅳ. ① F273.2

中国版本图书馆 CIP 数据核字（2019）第 048156 号

北京市版权局著作权合同登记：图字 01-2019-1687
ALL ABOUT THEM
Copyright© Bruce Turkel
This edition published by arrangement with Da Capo Press, an imprint of Perseus Books, LLC, a subsidiary of Hachette Book Group, Inc., New York, New York, USA.
through Bardon-Chinese Media Agency
All Rights Reserved.

品牌赋能

项目策划	斯坦威图书
作　者	（美）布鲁斯·特克尔
译　者	信　任
责任编辑	管　文
策划编辑	李佳铌　肖　宇
封面设计	异一设计

北京联合出版公司出版
（北京市西城区德外大街 83 号楼 9 层　100088）
河北鹏润印刷有限公司　新华书店经销
194 千字　710 毫米 ×1000 毫米　1/16　14 印张
2019 年 5 月第 1 版　2019 年 5 月第 1 次印刷
ISBN 978-7-5596-3032-2
定价：55.00 元

未经许可，不得以任何方式复制或抄袭本书部分或全部内容
版权所有，侵权必究
本书若有质量问题，请与本公司图书销售中心联系调换
纠错热线：010－82561773

序

伟大的销售员知道,销售的关键是那些你希望引领、影响、推销的人群。因此,伟大的品牌与营销的重点,也应该是这群人。

品牌的重点是什么?这种提问方式有些欠妥,正确的提问方法是,品牌的重点是谁?答案是:品牌的重点是那些你想要接触的人们,你想要为其生活增添特殊价值的人们,你想使之生活更美好的人们……当然,是在你产品的帮助下。

换句话说,品牌的重点就是:消费者!

这就是本书(一本由真正品牌和营销大师所著的神奇书籍)的基础与前提。而你,将会从本书中学习到那些成熟的、可复制的经典策略来赢得品牌大赛的胜利。

布鲁斯·特克尔(Bruce Turkel)是一位品牌天才,他与众多知名品牌有过合作,从154岁的百加得(Bacardi)到迈阿密城,范围之广令人咋舌。他不仅帮助这些品牌吸引大批粉丝,达成其营销目标,还令他们的利润大幅增加。

布鲁斯出现在众多网络访谈节目中,解释了从亚马逊(Amazon)到Zynga这些大公司,在犯下不尊重消费者的错误后,是如何恢复自己的品牌声望的。布鲁斯称之为"品牌急救"。

对美国观众来说,布鲁斯是福克斯商业新闻最知名的商业专家,同时也是梅丽莎·弗朗西斯(Melissa Francis)和大卫·阿斯曼(David Asman)最喜欢的客座嘉宾之一,他已经在福克斯商业新闻中出现超过三百次！布鲁斯的成功不仅在于他出色的工作，还在于他知道如何将自己定位于广受欢迎的专家。忠于自己的信条，他并没有将重点放在自己身上；他将重点放在了"消费者"身上——这里的"消费者"指的是主持人和观众们。

正如你看到的，我们已经不再控制我们的品牌。或许我们可以通过做正确的事对品牌进行管理，但是这无关于我们或者我们的产品。情况可能会非常非常好，也可能非常非常糟。

这就是为什么要将品牌当作艺术和科学对待的原因。幸运的是，我们拥有一名集品牌艺术家与品牌科学家于一身的指导者。

有些人是优秀的从业者，他们的工作表现非常好，但是这并不意味着他们能够很好地教授他人，就如很多明星运动员却是糟糕的教练，很多优秀的学者却是糟糕的教师一样。当然，他们的成就应该得到肯定，但实话实说，他们并不具有将知识传递给他人的共情或理解力。

那些优秀的教师，则会设法分享信息，通过实践和鼓励帮助他人真正掌握知识。或许，他们自己并未达到他们"学生"那样的成就，但是他们的贡献值得我们称赞。

此外，还有像布鲁斯·特克尔这样的人。他们非常稀少：他们会在自己原始才能的基础上，学习学习再学习，实践实践再实践，直到取得卓越成就。

这些实干家的不同之处在于，他们能够向其他人传授自己的技艺；他们的教导能够让他人通过自己的方式获得成功。

这就是布鲁斯为我们提供的：无论你是刚刚进入商界的新手，还是经验丰富的营销人员；无论你是要推出全新产品，还是需要品牌急救，通过本书你都可以掌握成功的要点，其内容超乎你的想象。

本书对于人性的理解，将会永远改变你看待个人品牌和商业品牌的方式——那感觉就像看大卫·奥格威（David Ogilvy）撰写《魔鬼经济学》（Freakonomics）一样。

你生意中最能体现情感（也包括利润）的一面，是当人们想到你和你的品牌时，会感觉更加幸福美好。一旦你理解书中的理念并让你的品牌信息为你工作，那么它就会自动承担起最繁重的任务，为你腾出更多时间，让你专注于为客户提供更多价值。

阅读本书并运用其中的智慧与知识，你将能够激发他人的这种感受，并获得你事业的成功。

我为你感到兴奋，因为你即将经历一段神奇的旅程。

最后，附上我诚挚的问候。

鲍勃·伯格（Bob Burg）

《给予的力量》（*The Go-Giver*）与《变对手为盟友》（*Adversaries into Allies*）合著者

[目录 CONTENTS]

前言 / 1
引言 / 7

第一章 重新认识营销：让你的产品更有价值 / 23

正如我们已经看到的，大多数消费者实际上并没有真正使用他们购买产品的全部功能。相反，我们使用这些产品来缓解现代生活带给我们的不适。

第二章 适应新变化：探索透明时代的营销模式 / 43

数字技术的出现不仅意味着我们可以超越时间框架、全天候与他人进行交流，还意味着我们分享的信息永远有在，随时供他人浏览和评判。

第三章 关注品牌价值：利用语言和故事的力量 / 57

一个具有娱乐性的故事，不仅能够吸引他们的注意，让他们更容易记住你的话，而且还能让他们兴高采烈地重复你的故事。

第四章 转变营销思路：为客户营造特殊体验 / 89

虽然适当的功能是产品和服务的入门成本，但它不再是触发客户购买扳机的动力。

第五章 树立品牌意识：触发客户的激情 / 107

我们不应该专注于所做的事情，而应该专注于确定我们是谁，我们与现有及潜在客户的共鸣点是什么。

第六章 以客户为中心：与客户建立情感联系 / 127

了解客户的文化背景、教育程度，意味着你可以更好地与他们沟通，建立即时的、融洽的、深入的理解。

第七章 激励客户行动：关注客户情感诉求 / 149

找出你自己的真实形象并将它应用于你的生活，这可能有些困难，但它是建立你的品牌价值的关键。

第八章 找准品牌定位：打造属于自己的品牌 / 169

你的品牌定位是你在（现在和潜在）客户的大脑和心中所占据的位置。如果你不知道那是什么，那么他们也不知道。

第九章 建立品牌共识：与客户分享品牌价值 / 189

以一种令人信服的、连贯的、一致的方式与他人分享你的品牌价值。

参考资料 / 203

前 言

一个好创意的诞生

那是在 2000 年，我感觉一切都非常顺利。我的广告和品牌公司运行得非常顺利，我们的生意非常赚钱。我本人则婚姻美满，家庭幸福。我的第一本书《大脑飞镖》（*Brain Dart*）刚刚出版，而在这本书出版前，我就已经受邀在全国最负盛名的设计大会上签名售书。就像我说的，一切都非常顺利。

大会的前一天，我和我的家人住进了芝加哥一家旅馆。将孩子们安顿好后，我和我妻子前去参加开幕晚宴。晚宴在一个巨大的宴会厅举行，到达时我们受到了热烈的欢迎，就好像归来的战争英雄一样。赞助方——一家设计杂志的出版人冲了过来，护送我们进入大厅最前面的贵宾席，紧挨着斯泰夫·萨格迈特（Steff Sagmeister）。我不知道你是否了解斯泰夫，他就是当年的"IT 男孩"[1] 平面设计师。就像好莱坞一样，设计行业也有自己的"IT"男孩和女孩们。斯泰夫是一位个子高高、十分英俊的德国人，身着一身黑。因为是德国人，所以他的英语说得比我要好，但他还是保留了一定程度的口音，这让他魅力倍增。

原来与我一样，斯泰夫也刚刚出版了一本设计书籍，我们将一同进行签售。更棒的是：挨着我妻子座位的，是一家非常注重设计的美国大型公司的首席营销官。如果我说出这家公司的名字，你立刻就会反应过

---

1. 译者注：IT boy，指时尚界对那些兼具两性吸引力的男性的称呼。

来；这也是我贪恋很久的潜在客户之一。我的设想是，当我完成签售、见过我所有的新粉丝之后，我会抓住机会向这个人推销我的公司，说不定还能从他的企业那里获得一些工作。

哇！生活简直太美好了。

第二天我起得很早，下楼将一切都安顿好。我估计要给许多书签名，于是借了一盒签字笔；我小心翼翼地将书码放整齐以便于我的大批粉丝们获得。

安排好这一切后，我开始在芝加哥的风中晨跑。即使是吹过湖面的寒风也无法减弱我的兴奋，我跑得比平时还要快、还要远。

我带了一些星巴克咖啡和烤饼回到酒店给我的家人，然后洗了个热水澡，穿好衣服。我六岁的女儿阿里（Ali）请求和我一起去签售会。

这一天真是太棒了。

电梯门打开，阿里牵着我的手走出来，我们发现一堆人站在展览中心门外，等着签售。阿里抬头问我，这些人是否都在排队等着买我的书？我觉得这是一个很好的亲子教育时刻，为了听起来显得不那么自大，我告诉她说，肯定也有一些人在为斯泰夫的书排队。

我牵着女儿的手，越过队伍进入展览中心。等待签售的长队蜿蜒经过贸易展览摊位，一直延伸到签售台。我们终于走到队伍的前头，却尴尬地发现，所有人都在等待斯泰夫，没有一个人是在等我。

没有一个人。

我走到自己的座位坐下，并小心翼翼地不与斯泰夫队伍中的人产生目光接触。阿里忙着用我精心布置的签字笔绘画，而我则试图使用精神控制让人们来到我的摊位。

当我与他人目光接触时，对方要么迅速移开眼睛，要么给我一个"可怜家伙"的眼神，混杂着羞耻、怜悯和一点点的尴尬。

那时我认为，没有比这再糟的事情了。

但我错了。

我六岁的女儿决定拯救我。她从桌下钻了出去，跑到签售队伍前，抓住人们的手,说道:"你们为什么不来看看我爸爸的书呢,它们真的很不错!"

原来怜悯的目光立刻变成了敌对的目光:"让这个小女孩离开我!"

那时我认为,没有比这再糟的事情了。

我又错了。

我美丽的妻子走了过来,而且她并不是一个人。早餐时,她找到那位著名的潜在大客户,说服对方参加我的签售会,并向对方许诺一本免费书籍,以及一个和她才华横溢的明星设计师丈夫畅聊他们公司最新设计项目的机会。她甚至告诉对方可以不用排队。

她根本不知道,在排队这件事情上,她是多么的正确。

我的妻子和我梦寐以求的客户目瞪口呆地站在那里,而我则坐在成堆的书和笔后面,看着我的女儿试图将人们拖到我的签售台前。而那时,斯泰夫已经卖掉所有的书,开始咧着嘴和粉丝们合影留念。

那一刻,我无比沮丧与震惊,我无法理解这一切。随后的两年里,我一直思考这个问题,试图弄清楚背后的原因并确保类似的事情不再发生。那天的经历和我随后数年中学习到的东西,帮助我建立了一个充满活力的品牌以及一家强大的公司。这就是我在本书中想要和你分享的内容。我在芝加哥某家酒店展览大厅的尴尬经历,给了我当头一棒,这段经历让我明白了在商业世界和生活中出人头地的关键。

现在,让我与你分享一些当时我并未注意到的细节。但我越是回想当时的情景,越觉得这些事情的重要与微妙。

还记得我是如何介绍斯泰夫的吗?和我一样,他也刚刚出版了一本新书,他也是在新书发布前被邀请去参加会议的。这意味着,除了某些瞥过一眼某期晦涩难懂的设计杂志的读者,排队的人根本不知道我或者斯泰夫的书的内容。这就是说,他们在排队购买从未看到过的商品。

更糟的是,我们的书都被紧紧密封在塑料膜里。即使排队的人们想提前看两眼书里的内容,也不得其门。即使把拆除塑封包装的书放在签售桌上,作用也不大,因为斯泰夫的队伍太长了,不能容忍有人站在那里慢悠悠地翻阅书籍。有种说法是，不要靠封面判断一本书的好坏，但事实是，封面是影响那些排队的读者产生购买决策的唯一信息。

除了封面设计，我们两本书的区别在于，斯泰夫的书是由一个知名人物，或者说一位名人写的，而我的书则是一个无名小卒写的。多年之后我才发现，在那天的芝加哥设计大会上，没有一位读者是因为书中内容而购买的书。他们实际购买的是一小部分斯泰夫，而他们肯定不想购买一小部分的我。虽然我是一个优秀的设计师，但斯泰夫也是一个优秀的设计师，此外他还拥有强大的品牌以及强大的品牌知名度。这就造成了我们两人间的天差地别。

这简单的、看似显而易见的观点和结论，像一道闪电划过我的脑海，彻底改变了我对营销和公司品牌的看法，让我了解如何推销自己、如何经营自己的公司。更重要的是，这个小小的见解引领我发展出一套全面的营销策略，最终内容体现在我的书和博客上，并为我带来了每周在国家电视台上亮相、参加一系列为我创建的专属活动的机会。

显而易见的是，斯泰夫卖出了更多的书，只是因为人们知道他是谁。换句话说，已知量比未知量更令人信服。但这并不能说，通过这一简单理论就能建立一个强大品牌，销售更多产品。研究一下销售史，你会发现大量反证：历史上充斥着大量卖不出去的知名产品、没有当选的知名政客、失宠的流行乐队，以及已然不复存在的知名连锁店帝国。

当然，有些产品的消失只是因为它们已经不再重要。你上一次购买车载天线、卡带式录音机、打字机或 8 毫米投影机是什么时候？计算器、水床、墨水瓶这些东西呢？这些产品已经不复存在（或者只是作为小众的奇怪商品存在），是因为科学技术为我们提供了更好的产品。

而且，许多真正有效用的、甚至比行业领袖还优秀的品牌，也相继倒闭。尽管专家们一致认为 Betamax 的录像带制式要比 VHS 制式更加优秀，但最终还是后者将前者挤出了市场。Friendster 让位给聚友（MySpace），而聚友又让位给了脸书（Facebook）。谁又能说，当你持有这本书时，脸书不会让位给其他社交媒体呢？

那么，这是否能够说明我的书实际上比斯泰夫的书好？虽然当时我并不知道（还记得吗，斯泰夫的书有塑封，我看不到内容），但我必须承认，我一有机会就拜读了斯泰夫的作品，并且承认，他写得比我好。他的书真是太棒了。但在当时，谁好谁坏是未知且无关紧要的。

如果说这不仅仅是知名度的问题——也就是说，不仅仅是因为斯泰夫比我更出名——也不仅仅是书本身质量的问题，那么究竟是什么让斯泰夫的书供不应求，而我的书则无人问津呢？什么样的秘密因素造成了这一切？更重要的是，你能使用其中哪些因素帮助自己建立和发展事业、增加销量、获取利润？

对于那些想要提升个人品牌、发展壮大自己事业的人来说，这本书回答了所有这些问题。

引 言

产品的体验感高于功能

　　一个简单、普遍的事实是，在当今计算机化和全球化销售的世界中，大部分工业产品的工作质量要比我们预期的还要好。如果你做一点研究，你会发现很多不同产品的不同组件全部来自于同一家工厂，或者基于相同的技术和专利生产出来。从汽车到笔记本电脑再到微波炉，绝大部分产品与其竞争对手的功能相似或相同，这是因为它们的起源和组成部件也是如此。

　　CD 将音乐从模拟信号转向数字信号。随着这项新技术的普及，旧有（模拟信号）音乐播放器逐渐消失，磁带划痕及其带来的嘶嘶声也消失了。为什么？因为与模拟信号记录不同，数字记录（例如复制 CD）是一个"无损"的过程。换句话说，数字复制实际上是克隆，而不是对原品的复制，因为它包含了母体的所有数据。虽然数字录制有很多不同的记录格式，包括 .wav，.aif，.mp3 以及 .mp4，但是它们都是数字格式的，复制不会造成信息损毁或者质量下降。

　　感谢数字技术的出现，高质量的音乐复制现在已非常普遍。

　　当我们谈论家庭娱乐的时候，不得不提电视机。如果你的年龄足够大，你记忆中的电视机应该是个背后塞满显像管的大盒子，如果你的年龄更大，那么你记忆中的电视机还应该有频道和音量两个旋钮。

　　还记得那些旋钮吗？使用时间过长的话，旋钮内的小齿轮会磨光，无法控制中间联通电视内部的金属杆。这样的事情经常发生，使用一把钳子夹住金属杆更换频道或者调节音量也是常有的事。

还记得那时的遥控器吗？一个带有高高凸起的大按钮的小盒子。今天的遥控器在你早起时可以帮你做烤面包和煮咖啡之外的所有事情，而那时的遥控器只能更换频道和调节音量。而且它们坏得很快，最后你不得不起身离开沙发跑到电视机前换台。信不信由你，那时的电视台会将冷门剧放在热门剧后播放，因为他们知道很多观众懒得起身换台，会将就着看一些平时自己不太看的节目。

电视天线也会经常损坏，然后电视机就无法接收信号了。那时像 Radio Shack 这样的无线通信商店的可替换电视天线生意十分火爆，人们称其为"兔子耳"。不过，大多数情况下，人们会将金属丝衣架折成 V 字形，代替天线工作。虽然这种修理方式效果并不算好，但是鉴于当时低下的电视图像质量，影响也不算大。

当然，旧电视最大的问题是显像管会最终爆裂，这时你的电视机就变得毫无价值了，它只是一块占据你客厅空间的大型垃圾，你唯一能做的是买一台新电视机。

但是，经过多年的发展，电视产品达到了"不再损坏"的水平。这给电视机制造商带来了一个很大的问题：电视市场已经成熟，而大部分人都已经拥有电视机，他们根本没有理由去购买新的产品。

最终，电视产业克服了消费者对技术创新的抗拒心理。电视机越来越大、屏幕越来越亮、音响效果越来越好，这些都在刺激消费者购买新的电视。有线电视、电视盒子、视频播放器、高清画质、智能电视，这些仅是技术竞赛中少数几个技术飞跃，并给消费者和零售商提供了一种全新看待、思考和购买电视机的观念。多亏了平面屏幕技术，让消费者能够购买越来越大的电视，并将它们挂在墙上，让高质量的家庭影院最终成为可能。

平面电视大行其道的几年之后，我和妻子重新装修了我们的房子。当更换客厅和卧室墙面时，我们决定在墙内预装一些电线和插头，然后也安装几台平面电视。这意味着，我家的旧电视——一台大索尼特丽珑和一台更大的 JVC，不得不被处理掉。

我从储物间里将电视机纸盒拉了出来，将两台电视重新放入包装盒中，然后再将使用说明用原来的透明塑料袋装好也放进箱子内。信不信由你，我还将遥控器里的小电池拿出放在原装的小塑料袋中，用原装的小胶带固定住。

但是，我要怎么处理这两个老旧却完好的电视机呢？我一开始想给为我服务的草坪修剪工，可是他不要；然后我提出送给为我修理汽车的机械工，他也不要。我甚至给我公司的所有员工群发了一封邮件，想以先到先得的方式送出这两台电视。然而，没有任何回应。

因为装修，我们在屋内收集了很多用不到或者不想再用的东西：多年前就已经不再流行的衣服、孩子们不再玩耍的运动器具、碎裂的瓷器、损坏的磁带，以及被遗忘在抽屉和储物柜深处多年的很多小玩意。

我将它们都放入盒子里，塞进我妻子的 SUV，然后装上行李架，去找孩子们的旧自行车。我发现已经锈迹斑斑的自行车们就靠在垃圾桶旁的铁丝网栅栏上，没有人偷它们，这并不奇怪。谁会想要它们呢？

我将自行车吊到行李架上，然后开车到了最近的 Goodwill[1]。

Goodwil 的女接待员开心地指引我放置好生锈的自行车，示意我将几个箱子搬到后面屋子的一角。一切都很顺利，直到我搬动电视机包装箱时，她表示拒绝。

"先生，停下，我们不收旧电视。"

她突然的喝止令我感到惊讶，不过我很快就反应了过来，她一定不知道这两台电视机保存完好，功能正常。毕竟，Goodwill 可不想收集一堆破烂电视，然后再在捐赠人走后扔掉。

我向她解释："别担心，这些电视机功能完好，你看，我甚至保留了说明书和遥控器。如果你这里有插座，我可以开机给你看。"

"先生。"她的回答有些怒气，"我们不想要你的电视机。"

"但是它们都很好啊。"我抗议道，"会有人想要它们的，它们是

---

[1]. 译者注：美国慈善二手商店，接受社区居民闲置物品并售卖。

非常好的电视。"

"先生。"她又重复了一遍，怒气越来越盛，"没人会想要它们，就是穷人也有平面电视的！"

我最终如何处理这两台旧电视并不重要，但我真的从中学习到了很多东西。这段经历给了我一个新的想法：在一个大部分产品都能正常运转的时代与社会，功能已经变成了入门成本。消费者，即使是那些财力有限、需要去 Goodwill 购物的人们，也不仅仅满足于商品的功能；他们选择的是产品传递的理念。功能完好的电视机并不够好，人们要求得更多。

如果所有的产品和服务都能正常运行，或者看起来是这样，那么功能就成了商品的底线。"产品是如何工作的"这一曾经最重要的特性，不再是消费者们着重考虑的，因为他们在任何地方都能找到同样质量的产品。此时出现了一种新的咒语，解释了在这个超高效、超连通的社会中的购物模式：消费者不会选择你的产品，他们选择你。

换句话说，当所有产品都具有相近的功能和接受度时，产品给你的感觉才是重要的，而不是其工作方式。

这意味着，斯泰夫的书写得是否比我好，其实并不重要。不管是哪些原因——他的名人身份（还记得吗，他是设计业的"IT 男孩"）、他的帅气、他的魅力、他开创性的工作历史、他的名声、他的业内获奖列表——总之，参加设计大会的人拥有一小部分斯泰夫（他的签名书）时感觉会更好。因为他们触碰到了名人的光环，并且能活着讲述这个故事。

参加设计大会的人从来没有听说过我或我的公司，对他们来说，我的书只是一本书，是他们放在书架上的、进行阅读和储存信息的一种功能设备。但斯泰夫的书不仅仅是一本书，因为它为读者们带来了种种美好感觉。就像挂在墙上的新平面电视机，摆放在自己咖啡桌上的斯泰夫签名书是他们的一段经历的纪念品，可以留待日后慢慢品尝。

勾起消费者"炫耀"的欲望

2003年,丰田公司在美国推出了第二代混合动力车普锐斯(Prius)。根据维基百科描述:

(丰田)普锐斯全球销量在2008年5月达到100万辆;2010年9月达到200万辆;2013年6月超过300万辆。2011年4月初,全美累计销量达到100万;2011年8月日本累计销量达到100万。

但是,第二代普锐斯上市时,没人预料到未来的成功。第一代普锐斯于1997年在美国上市,是世界上第一台大规模生产的油电混合动力汽车。作为一个设计毫无新意的新车系,第一代普锐斯不仅在道路上表现平平,而且在销售上也表现平平。1997至2001年间,全球销量只有12.3万辆。

但是,全新设计的第二代普锐斯就完全不一样了。

你可能还记得最初发布时,丰田的混合动力车成为了好莱坞精英们的最爱:格温妮丝·帕特洛(Gwyneth Paltrow)、凯特·哈德森(Kate Hudson)、奥兰多·布鲁姆(Orlando Bloom)、娜塔莉·波特曼(Natalie Portman)、卡梅隆·迪亚兹(Cameron Diaz),甚至哈里森·福特(Harrison Ford)都开着普锐斯在洛杉矶兜风。突然,普锐斯不再仅仅是一辆汽车。这是一个大胆的声明,告诉世界:它的司机都是深深关心环境健康的世界公民。这一声明如此大胆,其结果是,从2003年第二代车型引入到2009年重新设计之间,第二代普锐斯全球销量约为119.2万辆,是第一代销量的5倍。到2014年9月,丰田第二代和第三代普锐斯混合动力车销量超过了325万辆。

有趣的是,在普锐斯取得巨大成功的同时,本田也推出了自己的思域（Civic）混合动力车。这两款车的规格相似，但是本田并没有进行全新设计，而是在已经非常流行的本田思域基础上增加了一款混合动力版。实际上，除了一些细节的改变以及在车型名称上加了6个字母，标准版思域和思域混合动力版在外观上难以区分。

不幸的是，好莱坞的超级明星们并没有像对待普锐斯一样对待思域混合动力车，大众也不买账。销售数据证明了这一点：截至2009年，本田仅售出255249辆思域混合动力车，2012至2013年全美销量少于3万辆，而此时普锐斯已经推出第三代，自2011年以来仅最新款就售出853834辆。

如果说混合动力车是因为燃料行驶里程的增加以及尾气排放的减少而深受欢迎，那么为什么本田的销量远不如丰田那么强劲呢？

与同样高效但外形并不引人注目的本田思域混合动力车不同的是，普锐斯独特的外观在向世界诉说：这是一辆为独特人群设计的独特车辆。平淡无奇的本田则传达的是："我开的是一辆便宜车。"本田制造了一款功能可靠的车辆，但是在设计外观时掉了链子。这款车的风格并没有让它的司机感觉良好。

2007年7月，《纽约时报》引用CNW市场调研公司（CNW Marketing Research）的研究，发现57%的普锐斯买家的主要购买原因是"它表明了我的观点"，只有37%的人表示"节省燃油"是他们的购买主因。不久，《华盛顿邮报》的专栏作家罗伯特·萨缪尔森（Robert Samuelson）创造了"普锐斯政治"（Prius politics）一词，用来形容司机"炫耀"的欲望比遏制温室气体排放的欲望更强烈这一现象。

想象一下，驾驶普锐斯表明司机具有社会和环保意识，而不这么做则意味着司机在支持恐怖主义组织（据前中央情报局局长伍尔希所说）——对这样一辆小车而言，可谓责任重大。很明显，《华盛顿邮报》将混合动力车称为"好莱坞最新的政治正确象征"，无疑是正确的。

你能为公司做什么？

你还记得你的第一份简历吗？如果你是在计算机革命前找的第一份工作，你很可能是在打印店将这份简历打印出来的。如果你是在个人电脑出现后找的第一份工作，那么你很有可能是在自己的电脑中完成简历并使用自己的激光打印机打出。不管你是如何创建的简历，简历中的第一句话很可能是这样：

我正在努力寻找一个独特的创新机遇与一家成功的、有远见的公司，可以让我充分发挥我的能力和所有潜力，并在其中寻找到实现职业发展和个人价值的重大机遇。

好吧，我确信你的文字与我的再创造会有所不同，但肯定差别不大。我的观点是：大部分的"第一份"简历是为求职者而写，而不是为了应聘过程中最重要的那个人所写：做出雇佣决定的人。

不管你的祖母告诉你多少次你是整个地球上最重要的人，读你简历的那个人并不关心你是谁、你想要什么。他只关心你有多适合招聘岗位、有多符合他的需求。

如果你应聘的是一家大公司，那么很可能是人力资源部的部门主管或者工作人员阅读你的简历。你认为这些人关心你想成为文案、销售员还是会计吗？当然不。他们只想找一个具备公司要求资质、能马上开工的人。最重要的是，那些阅读你简历的人寻找的是能让他们自己显得很不错的应聘者。他们希望得到上司对他们雇佣决定的称赞，进而获得晋升的机遇。你的职业道路是他们关心的最后一件事，除非它与达成他们的工作目标相关。

这一点很重要，可以再重复一遍：你的职业生涯对他们来说并不重要，除非它能够对他们的事业产生积极影响。

如果你应聘的是一家较小的或创业氛围浓厚的公司，那么公司老板、合伙人及首席财务官很可能会亲自审查你的简历，这些人最关心的是你能否马上开始为他们赚钱。小企业主和企业家对你工作态度、能力的兴趣，远超你的兴趣、愿望和梦想。再说一次，最重要的是你能为他们做什么，而不是他们会为你做什么。

这两者有何区别呢？你要如何才能去除简历中的杂乱信息，提高简历质量，进而增加求职成功概率呢？

为了获得答案，我找到了迈阿密大学的马克·莱维特（Mark Levit）教授。马克是纽约一家成功广告公司的老板，后来搬到了南佛罗里达州。现在，马克面向数百名学生教授广告学和营销学，但实际上他花费更多的时间帮助他们准备人生中的第一次求职。

马克认为整个简历中最有价值的部分是第一段，你要向简历阅读者保证你会节省他们的时间、精力和金钱，或者让他们赚更多的钱。他说，其余一切都是多余的，"读简历的人不会以学生的角度去看待求职行为。他们会寻找文件中的关键词，表明申请者已经了解自己被雇佣的原因以及公司对自己的期望。一旦他们确认这一点，他们会继续研究申请者的具体任职资质。如果他们无法确认这一点，则会直接将简历丢进垃圾桶。"

套用已故美国前总统约翰·肯尼迪（John F. Kennedy）的名言："不要说公司能为你做什么，要说你能为公司做什么。"[1]

马克指出，由于大部分雇主都会收到巨量的求职简历，他们会快速筛除掉一部分以将工作控制在可接受范围内。也就是说，任何你留在简历中的不妥之处都会被他用来筛掉你。"不用说，拼写错误就是简历的死亡标志。"马克说，"此外还有对求职目标的错误理解、不佳的文字沟通体验，以及非特定性陈述。这帮家伙是冷酷无情的。记住，他们的工作是找到好的申请者，不是来给所有求职者公平应聘的机会的，更不是为了雇佣你而出现的。"

1.译者注：原句为：不要问你的国家能为你做什么，问问你能为你的国家做什么。

在帮助学生们撰写数千份简历并持续追踪其成败后，马克认为终极的简历目标陈述应该像这样：

对我来说，成为一名成功的（应聘职位具体名称）是世界上最重要的事。我会一周七天、一天二十四小时全天候工作，为你节省时间、金钱和精力，以此来证明你对我的信任是值得的。我保证你不会对我失望。

"学生们几乎从不站在他们潜在雇主的角度考虑。"马特哀叹道：

如果他们能这样做，我相信他们会以一种完全不同的态度来对待求职一事。

我看到的是，即使是那些非常聪明的、对求职非常重视的学生，也在简历中努力地表达自我。他们没有意识到，简历是一个表现自我的错误场所。恰恰相反，这是一个让你成为雇主期待中的样子的机会。我不建议我的学生们撒谎或者夸大其词。记住，在现今的时代，用鼠标点点就能知道求职者的雇佣经历和教育背景。学生们应该做的，是将简历看成一个机会，一个告诉世界自己是谁、告诉潜在雇主自己能为他们做些什么的机会。

这才是这些孩子被雇佣的原因。

世界上最重要的工作

需要创建简历（或者品牌）的不仅仅是那些应届毕业生，马克的建议也并不仅针对那些寻找第一份工作的学生，他的建议对职业生涯中的每一步来说都很重要。实际上，在通往世界上最重要工作的天梯上，你爬得越高，马克的告诫就越重要。

2008年，当美国人投票选举下一任美国总统时，他们的选择非常明确。一方是共和党人约翰·麦凯恩（John McCain），一位前战争英雄及职业政客；另一方是民主党候选人，一个几乎不知名的社区活动家和短期参议员，他有个很不常见的名字：巴拉克·侯赛因·奥巴马（Barack Hussein Obama）。在以前的美国总统大选中，选民们的抉择从未如此明确过。

对不知情的人来说，麦凯恩在大选一开始就占据了明显优势：他已经十分出名，并且符合绝大部分美国总统的任职标准。仅从资料上看，麦凯恩稳获下一任美国总统宝座。基于经典的营销5P理论来看——产品（Product）、价格（Price）、定位（Positioning）、包装（Packaging）、促销（Promotion），这甚至算不上竞赛。

营销5P理论提供了一种混合多学科及多决策维度的方式，让营销人员能够更好地接触并影响他们的受众。5P理论中的元素还有几种不同组合：有些专业人士会使用4P：价格、产品、促销和地点（Place）；有些人则会增加到7P。不过，不管你使用哪种理论，你会发现这些分类可以帮助你决定最终产品营销策略并获得顾客的热烈反响。

现在，让我们来逐个解析5P，看看大选候选人们都是怎么做的。

1. 产品

诚实地说，麦凯恩是最符合我们期待的大选"产品"。甚至他的名字听起来也与历届美国总统很像：乔治·布什（George Bush）、比尔·克林顿(Bill Clinton)、约翰·肯尼迪(John Kennedy)、托马斯·杰斐逊(Thomas Jefferson)、乔治·华盛顿（George Washington）。

巴拉克·侯赛因·奥巴马这个名字呢？这不是我们常常见到的名字，没错吧？在希伯来语中，巴拉克的意思是"祝福"，但是大部分美国人并不知道这一点。

让我们做个小试验：如果我让你列出最可能成为美国总统的100个名字，侯赛因会出现吗？200个名字呢？500个呢？如果让人们为美国总统取名,他们永远也不会写出侯赛因这个名字,不管你让他们写多少个。

他的姓是什么,奥巴马?正如他的竞争对手说的那样,他的名字与美国头号敌人——奥萨马·本·拉登(Osama bin Laden)的名字很容易混淆。即使是那些中立的新闻播报员也经常会将他的名字误读为"奥萨马"。

第一分,由麦凯恩获得。

2. 价格

在市场营销世界中,价格代表的是"产品的价格"。一旦品牌建立并吸引到顾客,价格将会对最终的购买决策产生巨大影响。最直观的逻辑是,客户总是希望以更低价格购买产品,但这种想法是错误的。很多产品的价值会随着价格的提高而增加,顾问、香水和订婚戒指都是这种定价现象的实例。

但在政治舞台上,所有产品(或者说候选人)在购买地点(投票站)的购买价格都是相同的,每名购买者(投票人)都持有相同的有限资源(一票)来购买(支持)其选择的总统人选。因此在这里,我不使用购买者的支出来定义价格,改为使用预算,即每位候选人为了提高自己品牌知名度而用于竞选宣传的金钱总量。顺带一提,麦凯恩—奥巴马 2008 年总统大选的竞选宣传花费是美国历史上最昂贵的一次。

正如上文所说,这对麦凯恩来说应该是一场轻松的胜利:他拥有辉煌的历史,广阔的人脉,丰富的筹资经验,以及比奥巴马更多的筹资潜力。但是奥巴马的团队充分利用了其对新生互联网技术的理解,而共和党候选人还在坚持老式的选举筹资方式。最终,奥巴马筹集了 760370195 美元,是麦凯恩 358008447 美元的两倍多。也就是说,奥巴马选票每票 10.94 美元,麦凯恩则是 5.97 美元。

但事情还没结束,因为候选人并不是唯一在竞选中花钱的人。考虑到党派贡献,民主党全国委员会获取超过 2.06 亿美元,而共和党全国委员会获取超过 3.37 亿。

根据大选支出，第二分由奥巴马获得，他的竞选资源总额比麦凯恩要多约 2.5 亿美元。

3. 定位

在定位上麦凯恩占据明显优势。1982 年他作为国会议员开始了他的政治生涯，1986 年当选为参议员。作为政治家，麦凯恩已经出现在公众视野中超过 1/4 个世纪，他十分知名，见多识广的美国选民能够很容易地认出他。

在进入政坛前，麦凯恩是一名爱国的越战老兵，当过 5 年战俘。他在越南被俘和囚禁的故事家喻户晓，也令他备受尊重。

另一方面，奥巴马仅仅在注册参选美国总统后担任过一小段时间的参议员。在此之前，他被称为"社区活动家"。不管你认为这个头衔是否值得尊敬，但不争的事实是，"社区"这个词意味着他在一个小鱼缸中工作，而且不太为人所知。

第三分，麦凯恩获得。

4. 包装

如果我们能够避免政治正确强加的局限性观点，那么很容易承认奥巴马和我们之前见过的任何一位总统都不同。虽然在一部分选民眼中他的肤色是一种优势，但诚实地讲，从整体来看他的这项特质并不能成为加分项。

游览一下奥兰多迪士尼世界的总统大厅，你很快会发现所有美国总统的动画人物都有几项共同点。再浏览一下华盛顿国家美术馆陈列的总统肖像，你会找到某些共同点。其中，最值得注意的是：所有总统都是男性，都身处中年或更老，都是白人。奥巴马符合前两项标准，但是肯定不符合第三项。也就是说，奥巴马并不完全是我们期待中的样子。尽管我们从小被告知："在美国，任何人长大都可以成为总统。"但事实却并非如此，美国43位前总统拥有相同的人口学特征就是最好的证据。

不管你喜不喜欢，第四分由麦凯恩获得，现在他以3∶1领先。

5. 促销

终于到了最关键的地方，就是在这里，巴拉克·侯赛因·奥巴马一举扭转其他领域带来的损失，并最终将约翰·麦凯恩甩在身后，赢得总统宝座。其实原因很简单，麦凯恩笨拙地发起了一场仅以自己为中心的竞选战役，而奥巴马的竞选团队则精心唤起选民们的共鸣。

麦凯恩的竞选口号是"我是一个特立独行的人"（I am a Maverick.），这句话简洁地描述了他的候选人立场。不幸的是，对于麦凯恩的竞选团队来说，这句口号在若干层面上都有不小的问题。首先，对于一个年岁稍长的白人男子以及一位前军官来说，"特立独行"（maverick）这个词很不协调。麦凯恩绝不是一个特立独行的人，他是一个坚定的、中间派与右翼之间的共和党人。的确，他在参议院中的表现很好，时不时地接受一些不太受欢迎的职位，包括与来自威斯康星州的自由民主党参议员拉斯·费因戈尔德（Russ Feingold）合作，联名起草了一份竞选财务改革法案。但是，就此选用"特立独行"这种宣传语，会与他的实际人格形成鲜明反差，很难令人信服。

其次，"我是一个特立独行的人"，虽然谈到了麦凯恩的特点，但这与公众却没有任何关联。当然，人们可以假设，一个特立独行的人会做一些新奇有趣的事情。但还是那句话，选民们对麦凯恩的认知并不符合这一点。

而奥巴马的竞选口号（我相信这是有史以来最好的广告词之一）仅仅由三个词组成："是的，我们能（Yes, we can.）！"

"是的"（Yes）意味着积极。

"我们"（We）意味着包容。

"能"（Can）意味着鼓舞人心。

"是的，我们能！"告诉所有潜在选民"我们可以一起完成伟大的事情!"它没有具体说明这些事情是什么,但它将我们与奥巴马即将担任的总统工作联系到了一起。"是的,我们能!"这句话向我们保证,我们美国人会做出伟大的事情。

这句口号管用吗?结果证明了一切。不仅大多数美国选民选择奥巴马成为他们的下一届总统,高达68%的初次投票选民也选择了他。有趣的是,这句竞选口号对初次投票选民影响最大,因为他们对大选了解的最少。但是,他们回应了奥巴马的品牌信息:这段信息不仅将他们纳入其中,并且让他们对即将发生的事情感觉良好。我们稍后会深入讨论这一部分:好的品牌仅仅让你感觉良好,而伟大的品牌会让你对自我感觉良好。总之,"是的,我们能!"这句竞选口号对年轻选民来说再好不过了。

现在,在你认为我在站队表忠心之前,让我们来看看选举之后,奥巴马从形象到功能的转变。在当上总统之后,总统奥巴马立即停止了候选人奥巴马时的高效沟通行为。实际上,在他的标志性议题——医疗保健上,我们的新总统表现得一塌糊涂,任由国会、权威人士乃至他的对手们定义他的医改计划。

在你的对手之前定义你自己和你的计划——这是最重要的政治公理之一。由于总统本人并没有为他标志性的医改计划制定明确的口号,这无意间让爱荷华州一位共和党参议员抢了先。查克·格拉斯利(Chuck Grassley)的五字短语"拔掉祖母的插头"(pulling the plug on grandma)是如此的朗朗上口、令人信服,几乎使整个医改法案流产。

更重要的是,阿拉斯加州前州长、副总统候选人莎拉·佩林(Sarah Palin)在脸书(Facebook)上将《平价医疗法案》(*Affordable Care Act*)妖魔化为"死亡专案组"。更讽刺的是,格拉斯利和佩林的声明都提到了前总统乔治·布什(George W. Bush)医疗建议中关于临终关怀的讨论。不管怎样,由于格拉斯利和佩林对奥巴马计划的再定义,奥巴马的标志性法案几乎被彻底摧毁。虽然他的计划最终被投票通过,但

《平价医疗法案》（简称奥巴马医改计划）在随后的辩论中好似个内脏散落一地的空壳一样展露在公众面前。

格拉斯利和佩林很清楚，大部分选民不会去阅读成千上万页的医疗保健政策，但一个简单的、情绪化的信息可以向其传递医改计划对他们生活的影响，进而动摇公众对该法案的看法。"拔掉祖母的插头"清晰地表明了法案通过会带来的后果；而"死亡专案组"则迅速给官僚、无趣的政府组织戴上了一个恐怖的面具。

格拉斯利和佩林找到了向选民传递政见的方法——更重要的是，让他们去感受奥巴马医改计划——通过他们的解释，以及强烈的情感信息。

直击消费者的关注点

到目前为止，我们一起经历了一系列看似杂乱的故事。电视机过去的样子、丰田普锐斯混合动力车、马克·莱维特教授的简历撰写课程、格拉斯利和佩林的反奥巴马医改计划信息，以及2008年总统大选，这一系列事情有什么共同点？还记得我的第一次图书签售会吗？我从那次灾难性经历中学到了什么，以至改变了我的事业、我对待他人的方式，乃至我的整个生活？

更重要的是，你能从中学到什么？

简单地说，最成功的品牌信息的重点是："以客户为中心"（All about them）。

正如你看到的，最强大、最吸引人的营销信息和品牌标识并不是被推广的公司或个人，而是他们想要触及的那些人。更重要的是，他们的目标是通过与品牌的互动，让那些目标消费者对自我感觉良好。

拥有一本斯泰夫签名的书，可以让设计师和设计爱好者们自我感觉良好。奥巴马当选总统是因为他的竞选口号"是的，我们能！"传达了肯定、包容、积极的信息，让支持他的选民们感觉荣耀。参议员格拉斯利和前州长佩林的言论几乎破坏了整个《平价医疗法案》，因为他们做了奥巴马没有做到的事：通过直接的情绪感染，向选民们解释了奥巴马医改计划对他们生活的影响。马克·莱维特最优秀学生们的简历与美国时代精神背道而驰，因为这些简历没有把重点放在求职者的资质上，而是向潜在雇佣者表示：如果他们雇佣了简历的主人，那么他们的公司和生活会更美好。

可能你会说，丰田普锐斯并没有提供超越其对手的明显功能优势，但它独特的外形宣扬了车主们的环保理念。当本田思域说"我很便宜"时，丰田普锐斯一直在说"我在乎"。与老式电视机相比，最先进的平板电视可能拥有很多更新更炫酷的科技，不过二者的观看体验却大体相同。但是，平板电视为低收入消费者提供了一种地位和富裕的社会形象，这是他们内心渴望的。

这就是"以客户为中心"的力量。它能够让你的听众们立刻意识到：你说的对他们很重要。它往往省却了案例和数据，因为它直接击中消费者的关注点：他们的自身利益。

这里有个人类的丑陋小秘密，而最优秀的营销总是从这里下手：人们最关心的是他们自己。这似乎是显而易见的事情，但是人们往往忘记这一简单规律：他们的营销计划中充满了无用的案例与数字，而这些内容只会掩盖他们真正想传达给客户的信息。

我很遗憾地说，你以前就是这么做的。

这就是本书的全部内容：告诉你如何充分利用"以客户为中心"的力量来传递你的观点、说服你的客户站在你的角度看待事物。

All About Them

第一章

重新认识营销：
让你的产品更有价值

祖母和救生员的故事

一位老妇人沿着海岸狂奔。

"我的孙子,我的孙子,他快淹死了!救命!"她尖叫着。救生员听到她的呼喊,立刻从瞭望台上跳下,一头扎进水中,拼命地四处寻找。终于,他发现了在海浪中上下翻腾的小小身躯。救生员不顾危险地潜游到孩子的身边,紧紧地抓住对方的胸口,一路与浪花搏斗着游回了岸边。

救生员疲惫不堪、气喘吁吁地将小男孩拉到沙滩上,然后跪下来,按压小男孩的胸部,为他做人工呼吸。五分钟过去了,小男孩突然抽搐了一下,咳出一大口水,然后开始呼吸起来。

精疲力竭的救生员闭住呼吸,抬头看了看老妇人。

"你的孙子还活着。"他努力平复自己的呼吸,"一切都会好的。"

老妇人看了看救生员,看了看小男孩,又看了看救生员,说道:

"他还有一顶帽子的。"

即时一代

与其他出生在 20 世纪 60、70 年代的人一样，我也是一个喜欢在黑暗中收听晶体管收音机的人。如果某位朋友告诉我有首歌我必须听，我就会将收音机调到 WQAM[1] 频道，静等这首歌的出现。

如果这首歌很火，我大概需要等上一个小时；如果这首歌不怎么火，我可能要等到深夜，错过我的上床时间。我会在等待时插上我的卡式录音机，将歌曲录下来，以备反复聆听，并与朋友们分享。但我总是错过歌曲的开头，或者记录下我母亲喊我吃晚饭的声音。想要得到一首完整歌曲的拷贝几乎是不可能的事情，除非去磁带店购买专辑。但这也意味着，我无法仅仅买下我喜欢的歌曲，我必须购买整张专辑。

当我口袋里有多余零花钱时，我也会想订购一些漫画书尾页广告上的东西，比如海猴子[2]或 X 光眼镜。但是从邮购公司买东西比去商店买新歌还要难。首先，我要说服我的母亲我真的需要买这件东西；然后让她写张支票，将其放入信封中，并找一张邮票贴上；接着，我必须骑着自行车去找邮筒，将信封扔进去；此后，我必须等待 4 到 6 周的时间——这是一段长得可怕的时间，不过广告中对此已经进行了提示。

对于一个 12 岁的孩子来讲，4 到 6 周几乎意味着永恒。我每天放学回家都要认真地查看邮箱。俗话说得好，心急吃不了热豆腐，我激动的心情也无法让包裹早到一刻。

她推荐一首新歌。同时，这首歌的 MP4 格式文件也已随信息发送

---

1. 译者注：美国佛罗里达州一家电台，建立于 20 世纪 20 年代。
2. 译者注：虾类的一种，可在干燥环境下休眠，在美国是一种具有教科书意义的宠物。

到她的手机。即使没有附件,我女儿也可以去 YouTube 或者 iTunes 商店下载歌曲,然后立刻欣赏。

如果我的儿子想买什么东西,他可以直接在网上订购,然后在一两天内从联邦快递手中收到包裹。在运输途中,他还可以随时跟踪包裹的位置。45 岁以上的人不会在乎包裹走到了哪里,只要最后能收到货就好。但是年轻的消费者不一样,他们喜欢跟随包裹的每一步。他们想知道包裹什么时候到图尔萨,什么时候到孟菲斯,就好像我原来每天都要检查邮箱、等待我的海猴子一样。无论技术如何发展,有些东西永远不会改变。

如果他想买的是书,则更简单。他只需登录亚马逊(Amazon)订购,然后在不到 60 秒的时间内将文件传输到 Kindle、iPad、智能手机或笔记本电脑中。Kindle 的 App 不仅可以帮他寻找、管理电子书籍,还可以在他停止阅读时自动设置电子书签,方便他下次阅读。

像我孩子这样要求"即买即得"的买家,被贴上了诸如"X 一代"、"Y 一代"、"婴儿潮一代"、"千禧一代"等标签。但我认为,根据他们的共有心理特质——对即时满足的依赖——进行划分会更加准确。这些消费者是地地道道的"即时一代"。这些年轻的买家们成长在"你已经为我做好什么了"的数字技术需求环境中,从没有遇到过无法获得及时服务响应的体验。

"即时一代"就是在每次等红灯时都要用手机检查电子邮件和信息的那些人;是在机场安检队伍中,对接受安检时多花了一点时间的乘客翻白眼的那些人;是在大堂中狂敲手机,咒骂酒店 Wi-Fi 不给力的那些人。

简而言之,"即时一代"从不等待任何事物,因此他们的注意力也大幅萎缩。

不幸的是,世界的发展让"即时一代"的生活变得越加艰难。由于世界人口迅速增长、发展中国家金融机遇大幅增加,以及科技大众化,使飞机、餐厅中涌入更多人,更多资源被消耗,更多远程服务被使用。尽管"即时一代"非常喜欢使用数字环境替代现实生活,如通过

Foursquare 寻找朋友，使用 OpenTable 预订服务，在脸书（Facebook）、推特（Twitter）和 WhatsApp 上交流，但是整个地球上需求即时服务的人类之多，不可避免地减缓了一切。

你可能会怀念过去的美好时光，回想以前的服务也没有那么缓慢。那时需求服务的人要少得多，而且也更愿意等待。而且，那些年长一些的消费者并不是在电子游戏的"即时奖励"环境中长大的。他们成长的过程中，没有微波速食食品，也没有手机这样的全天候通信设备。

然而，"即时一代"消费者的生长环境及消费习惯与以前大不相同，今天的营销人员则不得不绞尽脑汁去实现他们的需求——就像皇后乐队（Queen）唱的那样："我全部都想要，我现在就想要。"[1]

谈到当今高速发展的世界，默剧演员史蒂文·赖特打趣道（Steven Wright）："将速溶咖啡放进微波炉里，你会感觉回到了过去。"有趣的是，我没闻到咖啡的味道，但是我闻到了机会的味道。具体来说，我闻到了可以让公司和企业家们满足"即时一代"消费者们的机会。

其中之一，就是改善客户体验：想一想迪士尼世界的排队体验以及拉斯维加斯麦卡伦机场（McCarran Airport）的安检体验吧。在迈阿密，有钱的拉丁美洲"即时一代"们可以在办理移民时雇人替他们排队。每当苹果（Apple）发售新型号的 iPhone 时，很多人会通宵排队，然后将自己的位置卖给后来者——那些宁肯付钱，也不愿排队的人。

彭博社（Bloomberg）报道称，当 iPhone5 发布时，纽约和旧金山有 200 多人收费替 iPhone5 的买家们排队。此外，互联网技术也为此类交易提供了便利："这些排队服务都是通过跑腿兔（TaskRabbit）网站达成交易的。在跑腿兔上，用户可以寻找他人来做一些零工，比如组装宜家家具，或者替人排队。"

但所有这些解决小问题的快速方案仅能算是"创可贴"，真正赚钱的，是那些能够在现实生活中实现"即时一代"们数字化期望的解决方案。

例如，谷歌（Google）、特斯拉（Tesla）、宝马、奔驰、奥迪和苹

---

1. 译者注：原文为 I want it all and I want it now，来自歌曲《I want it all》。

果都传言或证实正在研发无人驾驶汽车。据推测，这项技术将在 2020 年左右正式商用。2014 年 12 月，ExtremeTech 网站报道："谷歌已经推出了其自动驾驶汽车的首个可合法上路的原型。"此外，该网站还称："如果一切顺利，谷歌希望与一家真正的汽车制造商合作，在未来五年内将自动驾驶汽车推向市场。"

思考一下自动驾驶汽车将带来的巨大机遇。《大西洋月刊》（*The Atlantic*）报道说，除了通勤消耗的固定时间，交通拥堵会让每位通勤者平均每年在路上的时间增加 38 个小时，洛杉矶每年增加 61 个小时，华盛顿每年增加 67 个小时。一旦自动驾驶汽车正式商用，消费者可以利用这些时间进行其他活动，而广告媒体则会占据其中很大一部分（顺便说一句，谷歌对此非常感兴趣）。

第一世界问题

"第一世界问题"[1]（First World Problems）一词最早出现在 1979 年 G.K. 佩恩（G. K. Payne）在《建筑环境》（*Build Environment*）发表的一篇文章中。2005 年，该词大火是因为"即时一代"和其他被现代科技惯坏的人在社交媒体上用其来表述生活中的小问题、小烦恼。2012 年 11 月，这个词被《牛津英语词典》在线版收录。

第一世界问题，是企业真正关心的问题，因为在一个消费者永远不快乐的世界里，满足他们变得越来越困难。

回想二十年前，那时你从未听说过"第一世界问题"这个词。

你进入订好的酒店房间，将包丢在床上，看了看窗外的景色，然后走进浴室。这时，你发现一只恶心的大蟑螂在浴缸里乱爬。你尖叫着逃出了厕所，然后该怎么做呢？你很有可能打电话给前台，让他们派人去

---

1. 译者注：指的是微不足道的挫折或琐碎的烦心事，和发展中国家所面临的严重问题形成鲜明对比。（来源百度百科）

处理这个问题。

当旅行结束,回到家中后,你仍然很生气,所以决定写封投诉信给酒店。于是你找到一支钢笔,潦草地在信纸上写下你的抱怨,然后放入信封中,封好口贴上邮票。

三周后,这封信还在你的外衣口袋中。直到有一天你终于又想起这件事,将它扔进了邮筒。

在那之后的三个星期(旅行结束将近两个月后),你收到了一封带有酒店标志的信,里面这样写道:

尊敬的先生 / 夫人:

您在 XYZ 宾馆的入住并不完全满意,对此我们很抱歉。非常感谢您将这一信息告知于我方。我们向您保证,我们正在尽一切所能改善这种情况,并确保这种情况不会再次发生。

真诚的酒店管理层

整件事就这样结束了。当然,你可以向你的朋友们抱怨,但这又有什么用呢?

十年前,如果你在酒店的浴缸里碰到蟑螂,你则会回到家打开台式电脑,写一封电子邮件发泄你的不满。几天内你就会收到回复邮件,但上面写的内容与二十年前并无什么不同。

五年前,你会立刻通过笔记本电脑或平板电脑发送电子邮件,人未出酒店就收到了回复。酒店经理甚至会亲自送上一瓶酒和一张手写的便条,请求你的原谅。

那么,这件事放在今天,会发生什么呢?

你走进浴室,发现该死的蟑螂在浴缸里嬉戏。你做的第一件事是什么?尖叫?不,你会拿出智能手机将蟑螂拍下来。你甚至都不用特意去找手机,因为它就在你手里。当你走进浴室时,不是在和朋友发短信,就是在玩消消乐之类的游戏。

你拍了一张高清的蟑螂照片，附加一句评论："天哪？？什么鬼？！在XYZ酒店里居然发现一只巨型蟑螂！"然后按下发送键，将这条信息发送到你拥有7000名粉丝的推特、3300名同事的领英（LinkedIn）和587名好友的脸书等社交网站上。假设你的社交媒体好友只有10%在线，这也意味着在几分钟内就会有1000多人知道酒店里有只大蟑螂。

如果你心有不甘，还可以将照片和评论上传到Yelp、猫途鹰（Trip Advisor）等点评类网站的XYZ酒店相关页面上。

XYZ酒店的麻烦不止于此，因为你的朋友、社交网站好友会重新发布你的经历，一群人会给你的评论"点赞"，一两个病态家伙甚至会将你的照片发布到图片社交网站Pinterest的蟑螂鉴赏频道中，并附上一句类似的话："看看我朋友在XYZ酒店发现的这只巨大迷人的德国小蠊。"

所以，在你发现蟑螂不到10分钟后，成千上万的人都知道它和XYZ酒店的故事。如果酒店的营销团队没有进行互联网舆情监视，他们完全不知道这条新闻正在全球范围内传播。他们唯一知道的是：XYZ酒店的预订在不断减少。

网络的力量

如今，智能手机和互联网的力量，再加上对信息的新民主化控制，意味着与你和你的品牌互动的每一个人都能够增强你的信息传递，或者重新定义你的信息。如果管理得当，对个人品牌来说这种新模式十分强大有力；但如果管理不善，最终情况可要比在浴缸里爬来爬去的虫子可怕得多。

我们以名为@Cellla__的比萨店新员工为例，她甚至还没有开始工作，就因为在推特上的言论被解雇了。@Cellla__是得克萨斯州曼斯菲尔德Jet's比萨店新录取的员工，她在推特上对即将开始的新工作发泄不满："唉，我明天就要开始干这份傻×工作了。"然后是七个拇指向下的表情。

另一名Jet's的员工看到了这条推特，并告知连锁店所有者罗伯特·瓦普尔（Robert Waple）。瓦普尔登录推特回复@Cellla_道："不，你不用工作了！我已经解雇你了！祝你没有钱，没有工作，好运！"

凑巧的是，在@Cellla_事件几个月前，我们办公室也发生了类似的事件。我们的一名雇员（叫她玛利亚好了）告诉我们她的叔叔生病了，她想请假去波多黎各看望他。尽管她没有预留任何个人休息日，但办公室经理认为她的请假理由很充分，应该给予她额外的休假时间。

周四，玛利亚应该回来的那一天，她给公司发了一封电子邮件，解释说她的叔叔去世了，她打算留在圣胡安参加葬礼。理所当然的，我们给她的假期延期了。

每周五早上，我们全办公室都要聚在一起吃早餐，借此机会交流一下彼此的工作与生活。在这顿早餐期间，首席执行官告诉大家玛利亚叔叔的事情，并提醒大家下周见到玛利亚时一定要注意言语，要照顾到她的心情。

两分钟后，一名年轻的员工抱来她的笔记本，向我们展示这位悲伤的员工的脸书个人主页。我们看到玛利亚穿着绿色荧光比基尼，站在沙滩上抱着男友，配文写着："在巴哈马和我的布鲁在一起。真不敢相信周一我还要回去上班。"

虽然我们没有在脸书上公布解雇她的信息，但玛利亚的结局和@Cellla_一样。她们都因为在互联网上发布的愚蠢的信息而失业。但问题并不仅限于此。互联网的民主化放大了每个人的言论和不良行为，并对那些声名显赫的人造成最严重的伤害。换句话说，一个人地位越高，就会摔得越狠，我称之为"透明的麻烦"（the trouble with transparency）。

透明的麻烦

2015年2月5日,《纽约时报》(New York Times)刊登了两篇因"透明的麻烦"而起的报道。一篇标题为《布莱恩·威廉姆斯道歉,并深入讲述直升机事件》(With an Apology, Brian Williams Digs Himself Deeper in Copter Tale)的文章,讲述了美国国家广播公司(NBC)晚间新闻主播布赖恩·威廉姆斯声称2003年报道伊拉克战争时所乘坐直升机被火箭榴弹攻击的不实事件。另一篇标题是《索尼发件箱中的帕斯卡》(Pascal Lands in Sony's Outbox),记录了索尼影业娱乐公司(Sony Pictures Entertainment)总裁艾米·帕斯卡(Amy Pascal)的"透明的麻烦":此前,一名黑客闯入索尼影业的服务器,并在互联网上发布帕斯卡的电子邮件,曝光她关于"奥巴马总统对黑人主题电影有偏好"的不当言论。

那么,一位声名狼藉的电视新闻主播,一位索尼影业的辞职高管,他们二者有何共同点呢?除了他们两人都在媒体行业担任要职,都"无限期地"离开了现有岗位,并且都因为冒犯性话语陷入困境?最突出的一点很可能被大众忽视了:这两人都在互联网上被揭发、嘲弄。

关于威廉姆斯的那篇文章还援引了美国有线电视新闻网(CNN)节目新一天(New Day)的主持人克里斯·科莫(Chris Cuomo)的话:"互联网会'把他(威廉姆斯)活活吃掉'。"而在帕斯卡的事件中,她对总统电影偏好的评论"成为八卦网站、商业出版物和主流新闻媒体的报道素材"。

当然,大家并不需要担心威廉姆斯或帕斯卡的未来。这位美国全国广播公司的主持人与该公司签订了一份为期5年、价值1000万美元的合同;而索尼高管的离职,公司保证在4年内支付她3000万至4000万美元,再加上她制作电影的利润分成,以及数百万美元的年度办公费用,我们丝毫不必担心他们未来的生计。

但是，我们都应该担心"透明的麻烦"，即他们的"罪行"在互联网上被报道且重复报道的可能性有多大。几年前要花很长时间才能捕捉到的事实事件，现在一夜之间就尽人皆知。不管是州长克里斯·克里斯蒂（Chris Christie）在一个私人豪华包厢里观看球赛、米特·罗姆尼（Mitt Romney）在视频中表示"其他47%的选民不值得关注"、@Cellla__抱怨她的新工作，还是艾米·帕斯卡在私人谈话中发表了冒犯性的言论，从中我们能看到，在互联网时代之前备受重视的"隐私"，现在已经被抛到脑后。

无论威廉姆斯、帕斯卡或其他类似事件的主人公是否会受到法律的惩罚，都不再重要。今天的人们会站在舆论法庭上审判、谴责他人。由于这种突发事件会对股票价格产生巨大影响，所以今天的公司需要更迅速地采取防御措施。更重要的是，他们必须先发制人，在危机发生之前就制订好应对计划，要做到防患于未然。

一名学生发布了一组喝醉酒的照片，这些照片后来出现在了雇主的背景调查中；一条错误的推特，一封无意间发给"所有联系人"的私人邮件，都会让生活掀起轩然大波。现今的民主化交流是如此之快、如此之普遍，以至于我们的行为守则远远没有跟上我们行为带来的后果。因此，像威廉姆斯和帕斯卡这样的事例只会变得更加频繁，更具破坏性，影响更深远。

我并不是说不应该揭穿这些人的不当行为——我必须要补充一下，我们大多数人在私底下都有过不恰当的言论。我真诚地希望这种透明度能够让公众话语和行为变得更加积极。但与此同时，每一位首席执行官、首席营销官、营销专家、家长，以及每一位互联网使用者都需要谨慎地维护自己的职业和个人声誉。记住，智能手机的普及意味着每个人都有一台录音机、一台摄像机、一种最简单的互联网接入工具，可以超快速地将你的行为公布到网上，将你送上舆论的法庭——在这里，没有人认为你是无辜的，你不被证实有罪他们就不会善罢甘休。

威廉姆斯试着对公众表示抱歉，尽管他的道歉十分拙劣，用的都是诸如"混淆""错误的记忆""记忆的迷雾"等扭曲的词汇。但是，愚蠢的辩解并不是他完蛋的原因。毕竟，从吉米·斯瓦加特（Jimmy Swaggart）[1]的眼泪，到拉里·克雷格（Larry Craig）[2]的"站得宽"，到宝拉·迪恩（Paula Deen）[3]的"不理解'N'字词汇"，再到塔米·菲·贝克（Tammy Faye Bakker）[4]的"睫毛膏门"，我们已经忍受过太多名人们的愚蠢辩解。

威廉姆斯表示要回到电视台工作，他说："我回来后会继续我的工作，不辜负那些信任我们的人。"但他所说的不会实现。不论 NBC 为他投入多少时间、金钱和努力，不管他有着怎样的才华与魅力，他说的都不会实现。或许他能够回到电视台，成为一名成功的戏剧家或艺人，但他不会再担任主持人了。

这并不是说那些成功度过危机的名人没有欺骗大众。很多名人面对公众都撒了谎，避避风头后回来继续营造更伟大的公众形象。

前总统比尔·克林顿（Bill Clinton）就是这样，他说："我没有和那个女人发生性关系。"这句话被证明是一个谎言。但今天，他是世界上最受人尊敬的政治家之一。

他的妻子希拉里·克林顿（Hillary Clinton）也是一样。她讲述自己在 20 世纪 90 年代访问波斯尼亚的经历时，"口误"说遭到了狙击手的攻击。但她随后不得不承认这一说法是不正确的，因为视频显示她当时离开飞机时十分平静。但现在，希拉里的身份是前美国参议员和国务卿，在撰写这篇文章时，她还是 2016 年民主党总统竞选的主要候选人。

---

1. 译者注：Jimmy Swaggart，1935年出生，美国福音传教者、基督教音乐歌手、钢琴家、牧师、作家。1991年深陷嫖妓丑闻。（以上内容来自 Wikipedia）

2. 译者注：Larry Craig，生于1945年，美国退休政治家。2007年因在保罗国际机场男厕所的猥亵行为被捕。他在辩解中称他当时在捡纸，因此"站得宽"（wide stance）。（以上内容来自 Wikipedia）

3. 译者注：Paula Deen，美国名厨，2013年因为对前雇员使用"N"字手势被指种族歧视。

4. 译者注：Tammy Faye Bakker，1942~2007，美国基督教歌手、福音传播者、企业家、作家、脱口秀主持人。

但布莱恩·威廉姆斯已经彻底完蛋了。

比尔·克林顿遭到弹劾的关键，不是他的谎言，而是他在国会宣誓后撒谎的这一举动破坏了法律。希拉里·克林顿的谎言（她的情况和威廉姆斯十分相似）也没有对她的政治抱负产生严重影响。

那么，为什么有这么多名人经历了"错误记忆"却安然无恙，只有布莱恩·威廉姆斯彻底完蛋了呢？这很简单：没有人真正在乎政客们的谎言。这是一个悲伤的事实：没有人真的期望政客们能一开始就说出真相。但布莱恩·威廉姆斯是一名记者，当他对公众撒谎时，就已经违背了自己的核心价值观、职业定位和秉承的真理。

一年中有60余名记者在报道真实事件的过程中丧生，威廉姆斯的"夸张"故事不仅背叛了NBC的观众们，也背叛了所有处于险境的勇敢同行。NBC晚间新闻的930万观众不可能原谅这一点。

威廉姆斯代表着真实，将真相传达给观众就是他事业的基础。对新闻播音员来说，违背这一承诺是不可原谅的背叛行为。布莱恩·威廉姆斯的品牌价值建立在无懈可击的信任之上，而威廉姆斯却玷污了它。信任需要数年才能建立，却只需数秒就能打破，修复则永无可能。欺骗我们，是威廉姆斯犯的最大错误，他将负面的品质与自己联系了起来。他本想讲述一个关于自己的故事，却让这个故事与我们每个人都息息相关。

形象产品的诱惑

2014年，英国"维多利亚的秘密"（Victoria's Secret）放出一条营销广告：一群漂亮的年轻女性穿着内衣，口号是"完美的身体"（The Perfect Body.）。这条广告招致2.6万个抗议签名。愤怒的抗议者抱怨说，这条广告是"对女性的冒犯和伤害"。这场骚动不足以让"维多利亚的秘密"道歉或撤销广告，不过该公司重新发布了这条营销广告，口号改为了"每个人的身体"（A Body For Everyone.）。

显然,"维多利亚的秘密"想让反对者们知道,公司已经听到他们的声音,并做出了适当的回应。但"维多利亚的秘密"只愿意进行"必要的"最小调整,它在随后的广告和营销中均使用与原来相同的图像。更有讽刺意味的是,其改动只是在只显示一种体形(模特体形)的图片上加上了新的口号:"每个人的身体"。

"完美的身体"这样的口号会招致大量抗议,但10位高大苗条年轻、蓄着长发穿着内衣的美女却不会,这太没道理了。毕竟,如果标语的问题是"所有女性都需要符合特定的体形才能变得完美和美丽",那为什么这张照片没有引起同样的骚动?

更值得我们思考的问题是:"维多利亚的秘密"广告的目标人群是谁,他们对此有何反应?

多年来,男人服装广告的目标人群都是女性,因为主流认知是女性会为丈夫、儿子、男友等购买其80%的男装。虽然这比例在过去几年有所改变,但"妇女负责购买或推动购买大多数男装"的观念仍相当普遍。

但女装不一样。男人不会为女人买衣服(甚至连性感的"维多利亚的秘密"内衣也不买),而且大多数女人也不为男人穿衣,她们是为自己和其他女人而穿。

这表明,"维多利亚的秘密"使用了性感图片,并不是为了满足男性,而是为了吸引特定女性购买"维多利亚的秘密"——那些少数的、身材与广告模特相似的女性。因此,"维多利亚的秘密"在广告上展示了购买它产品的女性想要达成的理想形象。

当然,这种做法并不局限于女性购物者。先不管哪些人群会购买汤美·巴哈玛(Tommy Bahama)的男装,值得注意的是其过去十年的广告模特——安迪·卢切西(Andy Lucchesi),他的年龄在40出头,但有着让年龄只有他一半的人羡慕的炫目灰发。和"维多利亚的秘密"一样,汤美·巴哈玛的广告信息很简单:你比你实际年龄看上去要更年轻、更好看、更精神,身着我们的服装会让别人对你的印象更深刻。

请注意,不仅仅只有服装制造商才会使用"形象策略"将产品卖给心里缺乏安全感的消费者。很多产品销售的并不是产品能做什么，而是购买者认为它能做什么。

消费者的需求

如果说，保时捷和法拉利等跑车的设计，是为了在德国高速公路上以每小时180英里的速度行驶。那么，为什么他们最大的市场在美国？毕竟这个国家的平均车速限制在每小时55至70英里之间。更重要的是，虽然美国西部和西南部地区的开放道路可以让这些跑车全速前进，但是这些跑车主要还是在城市地区行驶。在那里不仅车速受到法律限制，拥堵的交通也会对车辆行驶速度产生很大影响。

2010年，荷兰导航和地图公司TomTom根据其设备在运行中收集的数据，发布了对美国行驶速度的研究报告。该公司发现，尽管现在的汽车能力十分强劲，但实际上很少有美国人的驾车速度超过法律规定。

汽车博客网站（Autoblog）是这样报道的：

通过两年的数据收集显示，大体上讲，美国人倾向于在法律允许的速度范围内驾驶，但平均速度取决于驾驶地点。

密西西比州公路的平均速度最快，平均时速超过70英里。其次是新墨西哥州。最快的州际公路是犹他州和内华达州的I-15公路，平均时速为77.67英里……平均速度最大的区域在美国中部：密西西比州、内布拉斯加州、堪萨斯州、爱荷华州、爱达荷州、阿拉巴马州和密苏里州的平均时速均超过67英里。

显然，人们购买雪佛兰科尔维特（Chevrolet Corvettes）和宝马M4s这样的汽车不是因为它们的高性能和最高速度，而是有其他原因。

不仅跑车的购买者没有依照设计者的期望驾驶，四轮驱动的运动型多用途汽车（SUV）也很少驶下公路，或做一些老式旅行车做不到的事情。但它们的销售和卖点依然围绕着四轮驱动系统和越野能力进行。虽然一些车辆可能被用于冰雪环境中或者越野旅行中，但这不能解释为什么在阳光地带的城市地区越野车销售量也十分高——这些地区完全不需要越野车的超强性能。

市场资讯公司 J. D. Power（全称 J. D. Power and Associates）于1996年进行的一项调查发现，"56%的SUV从来没有驶离过人行道，只有5%的车辆经常开下公路。"虽然吉普声称有60%的牧马人（Wrangler）车主经常在野外驾驶，但其行业平均水平被认为还不到10%。

公司销售的和消费者购买的，并不是以百英里的速度行驶或者能够穿山越沙漠的能力，而是消费者想要这样做的愿望。驾驶这些能力超强车辆，更多为的是一种形象，而不是真正要去做的事情。换句话说，你不必真的去做这些事情，知道你能做到就好了。

在你用昂贵的捷豹（Jaguar）或路虎（Land Rover）嘲笑你的邻居之前，你要意识到，这些形象的购买并不局限于跑车和越野车：我们的奥运级跑鞋并不能帮助我们跑得更快；我们最先进的笔记本电脑不会让我们的文章变得更深刻；我们的陶瓷厨师刀不会让我们面对冷冻比萨时切得更直；我们的埃里克·克莱普顿（Eric Clapton）限量版吉他也不会让我们弹出的蓝调更有感觉。

正如我们已经看到的，大多数消费者实际上并没有真正使用他们购买产品的全部功能。相反，我们使用这些产品来缓解现代生活带给我们的不适，我们使用一些神话来让自己远离目标，特别是"独特"神话和"能力"神话。

成功并不独特

"独特"神话

还记得美国牛仔电影的情节吗？英雄策马进入小镇，立刻遇到了无恶不作的恶霸。虽然小镇里还有警长和他的副手，以及一群带枪的牛仔，但我们的英雄是唯一一个能够克服千难万险，赶走坏人、拯救小镇的人，他唯一需要的就是他的马以及一把左轮手枪。他是独一无二的他——是唯一一个能做好应做之事的人。

但我们的英雄扫荡完坏人后，他做了什么？他是否帮助该镇成立了一个废水委员会，并建立一个污水处理设施，为今后的可持续水回收制定了相应法案？他是否与当地学校的家长教师协会合作，提高五年级学生的识字率？他是否设立慈善基金，为严重罗圈腿的牛仔们提供腿部医疗支架？不，我们唯一的英雄会骑着马迎着夕阳远行，独自一人。

对于我们这些成长于稳定饮食的西方文化来说，独特的个体精神得以延续。从万宝路人[1]到蝙蝠侠，从约翰·韦恩（John Wayne）[2]到布鲁斯·韦恩（Bruce Wayne）[3]，我们一直被这些浪漫化的、沉默坚忍的英雄形象大肆轰炸。我们都被他们身上独一无二的特性所诱惑。

人们会告诉你"没有两片雪花是一样的"、"没有两个指纹是相同的"。这些陈词滥调使"独特"更加简单易懂。但你知道"独特"的真正含义吗？字典对"独特"的定义是"唯一的"。除非你添加修饰语，如"相当"——"相当独特"，否则"独特"这个词是绝对的，没有任何妥协的余地。要么你是唯一的，要么你不是。你不可能有一点点独特——就像你不可能有一点点出色、一点点完美，或者有一点点怀孕。要么你是

---

1. 译者注：Marlboro Man，万宝路香烟的牛仔广告形象。
2. 译者注：John Wayne，1907—1979，美国演员，西部牛仔明星。
3. 译者注：Bruce Wayne，漫画中蝙蝠侠的真名。

独一无二的，要么你不是。

实际上，只有很少的成功人士能真正算得上"独特"。我们都站在巨人的肩膀上，大多数最成功的人士，也是在前人的基础上获得的成功。

如果你只是想被他人注意，这并不需要独特性。你需要有一定的区别度（差异性），这样你的目标群体才能识别出你，并对你的差异表示尊敬。

请让我再次强调这一点：成功通常并不独特，因为他们的受众起初并不理解他们提供的是什么。

历史上充斥着那些拒绝、否定命运的"独特人物"的故事。圣女贞德（Joan of Arc）被烧死在木桩上；梵高（Van Gogh）自杀；吉米·亨德里克斯（Jimi Hendrix）[1]死于吸毒过量。真正独特的道路并不是通往成功或幸福的道路。当然，也有许多不幸的独特人物，忙碌一生却默默无闻。就连本世纪最伟大的商人：史蒂夫·乔布斯（Steve Jobs），在将苹果公司变成世界上最大、最受欢迎的公司之前，也曾被苹果公司炒过鱿鱼。

"能力"神话

如果你阅读了很多新一代生产力"大师"的书籍，你会得到很多类似的建议，诸如"做到最好""引起轰动"等等。而这些建议往往会成为无法克服的障碍，并招致第一世界问题，最终阻止我们取得应有成就。

如果能力是成功的唯一条件，那么好莱坞和百老汇的巨星将会数不胜数。然而事实是，最有才华的人往往无法达到顶峰。他们太在意成为伟大人物，反而无法到达那里。

你认识的朋友中肯定有一些出色人物，比如一名很棒的吉他手。你向所有的朋友吹嘘他的吉他弹得和吉米·佩奇（Jimmy Page）一样好，

---

1. 译者注：Jimi Hendrix，美国吉他手、歌手、作曲人，被公认为是摇滚音乐史中最伟大的电吉他演奏者。（以上内容来自百度百科）

和杰夫·贝克（Jeff Beck）一样好。或许他真能与这些一流吉他手比肩，但是如果他每天都在自己的房间里独自练习，那么没人会知道他弹得有多好。

　　成功，需要的不仅仅是精湛的技艺。它还需要毅力、营销、对细节的掌控，以及更多的运气。如果你忙着坐在家里一再精炼你的文章，或者不断完善你的推销技巧，那么你不会有任何成功的机会。

All About Them

第二章

适应新变化：
探索透明时代的营销模式

生活中最大的谜题

生活中最大的谜题之一,就是那个配不上你女儿的男人,是如何成为世界最可爱外孙的父亲的。

将"负债"转化为"资产"[1]

演讲者在幕后等了一会儿,然后慢慢地走出舞台。台下不温不火的掌声欢迎着他的出场。他身着海军蓝马球衫、宽松的褶皱卡其裤,脚上一双匡威杰克·泰勒全明星球鞋(Converse Jack Taylor All-Star sneakers)——还没有鞋带。他浑身上下唯一的亮点就是脸上那副欧式眼镜,紫红色霓虹灯照在上面,映亮了他的脸。

演讲者静静地盯着2000位听众几秒钟。然后,他清了清嗓子,张开嘴,轻柔却又坚定地说道:"那些做不到的人,教书去吧。"

听众们震惊了。有些人在座位上不安地挪动身体,抱怨说他们不赞成。有些人十分气愤,想冲上台去,但是很快又冷静了下来。其他人则互相看了看,确认自己听到的信息,然后等待演讲者继续。

这名演讲者正在全国教师大会上讲话!

接下来的四十五分钟里,演讲者告诉听众们为什么他认为教学是世界上最重要的工作。他解释说,各行业者有他们擅长的事,是因为他们一生都训练做同一件事。律师诉讼、外科医生手术、会计师记账、机修工修车——这就是他们所接受的训练。他们的工作一次可以帮助一到两个人。

演讲者继续说道,只有最优秀的从业者才有资格教书。教师所帮助的不仅仅是教室里的学生,实际上,他们通过自己的工作,改善了所有他们学生未来帮助的人的生活。通过教学,教师们将自己的知识放大百倍、千倍。

---

1. 译者注:原文为"Those who can't do, teach",也有另一种表达方式"Those who can, do. Those who can't, teach."均为对教师能力的否定与侮辱。

演讲者接着解释说，教书不仅仅是一份工作，它是一个人可以奉献一生的伟大事业。他总结道，教书是一种可以让人虽死犹生的最神圣、最有意义的方式，"教书不仅仅是一份职业，它是留给后人的财富"。

演讲者表达完自己的观点，停顿了一会儿，然后走到45分钟前开始演讲的地方。他再次目不转睛地盯着人群，深深地吸一口气，重复道："那些做不到的人，教书去吧。"

这句话和开场时震惊、激怒听众们的那句话一样。但这一次，听众对他的话有了全新的理解，他们站起来拼命鼓掌，掌声经久不息。

让消费者自我感觉良好

我们都听到过侮辱性话语，我们很可能也重复过这些话语。

在讨论某人的工作资质时，我们可能会说："那些做不到的人，教书去吧。"

在圣诞派对上，我们可能会询问一位检察官，他是否会在除夕夜将负责案件中的孤儿寡妇都赶出家门。

看到吃甜甜圈的警察，或者整天坐在消防站里的消防员时，我们可能会小声抱怨他们拿钱不干事。

不管什么样的侮辱，我们所想表达的真正意思如何，听者的感觉只会更加心酸、痛苦。

这就是为什么演讲者可以通过重新定义一句侮辱性话语，扭转全场局面，赢得所有教师听众的欢呼。

通过对侮辱性话语的扭转，演讲者将其变为了灵感的来源。他消除了其中的伤害，并以骄傲取代，他不仅改变了在场教师们对这句话的感觉，更重要的是，他改变了教师们对自己、对自己职业的感觉。

演讲者将教师们多年来收到的侮辱转变为自豪与骄傲。他不只是恭维观众，让他们自我感觉良好；他将"负债"转化为了"资产"。通过将弱点转化为力量，他改变了他的听众，给予他们更强大的力量与信心。

演讲者明白，想让人们对自己说的话感兴趣，"让人们对自己感觉良好"是最快的方法。这就是"以客户为中心"的全部。

电子"可卡因"

不仅仅演讲者能够为他人创造良好的感觉，在科技越来越发达的今天，数字设备也在通过制造积极感觉产生积极影响与结果。

研究表明，每当我们的智能手机、平板电脑和笔记本电脑提示我们接收信息时，我们的大脑就会释放多巴胺。随着时间的推移，这种快乐的刺激会形成条件反射，就像巴甫洛夫（Pavlov）的狗听到就餐铃声就会流口水，当我们的手机响起，我们也会产生相应的反应，不管这条信息是否重要。

电子设备对我们心理影响如此之强大，以至于加州大学洛杉矶分校神经科学与人类行为研究所（Semel Institute for Neuro and Human Behavior）主任彼得·怀布罗（Peter Whybrow）说："电脑就像电子可卡因。"此言在电脑使用者中引发了一波躁动。

从《大西洋月刊》到《新闻周刊》，都广泛报道了多巴胺成瘾与消费者使用智能手机等互联网设备之间的联系。

《新闻周刊》说："每个人，无论年龄大小，每月都会收发大约400条短信，这是2007年的四倍。青少年平均每月处理3700条短信，是2007年的两倍。超过三分之二的电子设备日常使用者（包括作者）报告说，他们经常感觉自己的手机在振动，但事实上手机根本没有收到信息。"

想象一下：在不到二十年的时间里，一种曾经被认为不寻常甚至怪异的行为，现在不仅被接受，而且几乎被第一世界的每一位消费者所接受，被本书的每一位读者所接受。

科技的快速进步让一切变得更加有趣。现今的科技进步成指数级增长。摩尔定律指出，集成电路中的晶体管数量每两年翻一番，其隐含的实际意义更大：电路中的晶体管数目成倍增加，意味着整个电路的速度、功率和能力也会成倍增加。在不断发展、进步过程中，这些晶体管完全改变了人与人、人与环境之间的互动方式。

但讽刺的是：当晶体管和电路飞速发展时，人类操作员处理能力的进步却微乎其微。对人类来说，想要对某种新的刺激物演化出广泛反应，需要几十万年的时间。你最喜欢的软件的每一个新版本，其运行速度都是原来的两倍；但我们利用这些应用程序的能力，却不可能跟上它们的前进步伐。

当然也有例外。在计算机技术巨变之前，机器的设计有时是为了减缓人机之间的互动。键盘就是很好的例子。

你有没有想过，为什么标准电脑键盘这样布置？如果按键按字母顺序排列的，或者其他更有效的方式，不是更容易学习吗？1873年，键盘最初被设计用于打字机（而不是电脑！）。为了防止按键互相干扰，发明者特意设计了被称为QWERTY的低效键盘布局。为了做到这一点，一些最常用的键，比如A、S和L键，被放置在打字员最不灵活、速度最慢的手指上。虽然70%的英语单词可以用A、D、E、H、I、N、O、P、S和T这十个字母打出，但其中只有四个放在了最容易操作的第二行。更重要的是，使用标准QWERTY键盘可以仅用右手输入大约300个单词，仅用左手可以输入3000多个单词。由此可见，QWERTY布局偏爱左撇子打字员，但这只会帮助到大约5%到30%的世界人口，而让大约70%到95%的右撇子们更加费力。

今天，技术的发展速度远远超过我们的适应能力。数字技术的惊人增长速度与人类能力进化速度的差异，是一个不断扩大的鸿沟，并定义着我们所生活的新世界。

数字设备自发明以来，其已在我们社会活动中产生巨大变化，而这一切几乎是在我们不知情或者不了解的情况下发生的。加上人和机器不同的发展速度，我们一头扎进了一个美丽新世界，在那里我们被不知道如何解释的刺激持续轰击，数千年都无法习得恰当的管理方法。

1936年，阿尔伯特·爱因斯坦（Albert Einstein）发表了一篇题为《自画像》（*Self-Portrait*）的文章，他在文章中写道："对于一个人自身的存在，何者是有意义的，他自己并不知晓，并且，这一点肯定也不应该打扰其他人。一条鱼能对它终生畅游其中的水知道些什么？"爱因斯坦的话为我们今天的处境提供了完美的解释。

几年后，历史学家将以事后视角回顾我们现在的经历，并为后人进行正确的解释。但是，现在的我们很难看到周围一切的最终影响。然而，我们知道，我们正在经历的数字革命正在深久、长远地改变我们的思维方式和行为方式。

我们的敌人就是自己

摸摸你的口袋，打开你的书包，或者看一下你的桌面。我敢打赌，你的智能手机或平板电脑现在就在你身边。甚至很可能你正在数字设备上阅读这本书。

据《每日邮报》（*Daily Mail*）对2000多名智能手机用户的调查显示："普通手机使用者每周拿起手机的次数超过1500次。"

普通手机使用者会在早上7点31分拿起手机，在起床前查看电子邮件和脸书信息。他们平均每天使用手机的时间是3小时16分钟。近40%的人承认，没有电子设备会让他们感到很失落。

你能猜到今天世界上有多少智能手机和联网平板电脑吗？截至2015年3月，这一数字为70亿。信不信由你，这意味着世界上拥有这些设备的人比拥有牙刷的人还多。到目前为止，这一趋势并没有显示出放缓的迹象：据估计，到2019年，数字设备的销售额将增长两倍。这将意味着全球将有超过 210 亿个互联网接入随身设备。

当然,有了这些可以联网的小玩意,人们不可能只使用它们来闲聊。它们也被用来做生意、购物。根据 IBM 零售分析(IBM Retail Analytics)在 CNBC[1] 的报告显示,2014 年,通过移动设备进行的零售销售额增长了 27%,占所有在线销售的 22%。

据《哈佛商业评论》(*Harvard Business Review*)报道,电子设备帮助我们做了很多生意,"研究公司 Forrester 估计,仅在美国,电子商务收入就接近 2000 亿美元,占零售总额百分比从 5 年前的 5% 升到了 9%。"而且不仅仅美国是这样,"英国的相应数字约为 10%,亚太地区约为 3%,拉丁美洲约为 2%。"

智能手机和平板电脑已成为未来媒体。虽然有些人可能更喜欢传统报纸、电视、收音机或台式电脑,但智能手机是人们随身携带的唯一设备。

约翰·列侬(John Lennon)说:"生活就是你忙于制订其他计划时发生的事情。"这预示着我们每个人都处在一个奇怪的新世界里。不管我们是否愿意参与技术变革,我们周围的世界都在以迅猛的、令人困惑的速度变化着。

最有趣的是,尽管数字技术使人与人之间的连接越来越紧密,但许多人发现自己越来越孤立。这是因为我们与智能手机、平板电脑的互动优先于信息发送人。

例如,你和我在谈话,中途我妻子给我打来电话,我对你说抱歉然后走到一旁去接电话。这意味着,我优先考虑的是与我妻子的谈话,而不是继续和你交谈。但那天晚上,我在家中和妻子面对面交谈时,你给我打来电话。我中断了和她的交谈,接起了你的电话。那么,这是不是意味着我打破了早先的逻辑,与你的交谈优先于与我妻子的交谈呢?并不是这样的。其实是手机的提示铃声——而不是某个特定的人——处于最优先级。换句话说,我们更关心的是手机提醒我们要与之交谈的人,

---

1. 译者注:CNBC 是美国 NBC 环球集团持有的全球性财经有线电视卫星新闻台,是全球财经媒体中的佼佼者。(以上内容来自百度百科)

而不是我们正在交谈的人。

这种巴甫洛夫式反应,让营销人员学会了使用"数字中断技术"(电邮、短信、电话)来达到他们的销售目标。尽管很多人会大声质疑"谁会根据陌生电话或垃圾邮件购买东西",但这种方式的成功概率足够高,进入成本也足够低,以至于这种做法大行其道。此外,消费者面谈时间(品牌与潜在客户的互动时间)本就十分重要,而从"注射多巴胺(接电话的条件反射)、让潜在客户感觉良好"开始互动,这无疑使其更有价值。

多年来,美国移动运营商威瑞森(Verizon Wireless)手机广告的口号一直是"你现在能听到我说话吗?"在全国各地的电视屏幕上,演员保罗·马卡雷利(Paul Marcarelli)——也被称为"威瑞森小子"——拿着手机不断重复着"你现在能听到我说话吗?"当然,他模仿的是手机没有信号时我们的行为,并暗示威瑞森的电话网络极其强大,与其他移动运营商的用户相比,威瑞森的用户享有更快、更稳定的手机网络连接。

但这个广告之所以成功,还有一个更具战略性的原因:良好的手机网络连接,可以让威瑞森的客户在手机上花费更多时间交流,而更多的交流可以带来更好、更牢固的人际关系。

也就是说,威瑞森声称它不仅提供了更好的手机网络连接,而且该服务有助于实现我们所有人都渴望的东西:被理解。威瑞森称,它的服务可以保证孩子们能听到母亲的声音,夫妻双方能听到对方的声音,老板和员工的沟通也会更好。"你现在能听到我说话吗?"这则广告向消费者保证的,不仅是更好的电话通信技术,还有更好的人际基础交流;它同时满足了我们现实的需求与内心的渴望。

"你现在能听到我说话了吗?"是一则"以客户为中心"的声明。它完美地传递了"以客户为中心"的力量,因为它的重点不是公司,而是消费者。顺便说一下,马卡雷利的这则广告非常成功,虽然马卡雷利也出现在达萨尼(Dasani)、喜力(Heineken)、美林银行(Merrill Lynch)和老海军(Old Navy)等诸多品牌的广告中,但由于他在威瑞森广告中获得的超高认知度,《娱乐周刊》(Entertainment Weekly)将他评选为2002年最吸引人的人物之一。

透明时代

数字技术的出现不仅意味着我们可以超越时间框架、全天候与他人进行交流，还意味着我们分享的信息永远存在，随时供他人浏览和评判。

在互联网时代之前，数据都存储在图书馆和档案馆中，供那些愿意搜索但不需要即时查阅和复制的人使用。

例如，一些特定的电视节目会在当季播出一两次，偶尔会重播，但你没有其他途径获得并观看。报纸和杂志的文章可以被追踪，但需要仔细梳理并制成缩微胶片储存。那时的政客可以想说什么就说什么，因为演讲之后过了几年、几个月，甚至几周，人们就无法找到确实的证据了。

而拥有海量可查询数据的今天，情况则大不相同。

谷歌图书馆项目已经承诺扫描和数字化所有人类的书面作品。自2004年谷歌图书（Google Books）成立以来，它已将超过3000万册图书进行数字化和编目，密歇根大学（University Of Michigan）称其为"前所未有的最大人类知识在线项目"，作者马尔特·赫维希（Malte Herwig）称之为"知识的民主化"。

网飞（Netflix）和亚马逊（Amazon）等公司在电视和电影方面也做着同样的事情，它们让你点点鼠标就能获得过去50年中的大部分视频。从外国电影到小型独立发行电影，再到20世纪60年代的情景喜剧，今天的观众获得了前所未有的海量影视娱乐信息。而获取这些信息几乎不需要什么时间与精力，只要你有互联网连接、影视公司数据库的订阅，以及一个支持互联网接入的设备——例如大多数人每天都会随身携带的智能手机。

新闻播音员布莱恩·威廉姆斯的谎言让自己失去了工作，因为他违背了职业道德。而由于数据证据的存在，大众发现、揭露他的谎言变得轻而易举。此外，厌恶他言行的观众们纷纷通过脸书和推特等社交媒体发泄自己的怒火，这一举动加速了威廉姆斯的消亡：为了将公司核心品牌的损失降至最低，NBC 很快将他从工作人员中除名。当然，除了威廉姆斯之外，还有很多人在可检索媒体信息和即时性评论面前付出了代价。但新的媒体环境不但结束职业生涯，它也在创造职业生涯。

乔恩·斯图尔特（Jon Stewart）开创性的《每日秀》（*The Daily Show*）通过搜寻影像资料，寻找公众人物的虚伪谎言，并在节目中对他们进行尖酸刻薄的讽刺评论。例如，斯图尔特的调查团队发现福克斯新闻（Fox News）主播肖恩·哈尼蒂（Sean Hannity）篡改了国会女议员米歇尔·巴赫曼（Michele Bachmann）反医疗改革集会的片段。斯图尔特还展示了 CNBC 金融节目主持人吉姆·克莱默（Jim Kramer）在贝尔斯登公司倒闭前 6 天的承诺："你的钱在贝尔斯登是安全的。"通过展示一大堆倒霉政客们不实言行的视频片段，这个节目收获了极高的声誉及收视率。

在过去，这些片段需要一大群实习生花费很长时间浏览视频才能获得。但是，得克萨斯州的一家视频制作公司 Snap Stream 开发了一个应用程序，可以让你直接将电视节目拷贝到电脑硬盘，然后对其进行关键词搜索。

除了记录和搜索视频，Snap Stream 技术的关键在于，该程序能够使用基于文本的搜索系统搜索该片的字幕。这样，研究人员就能迅速、轻松地找到所需要的东西。这是一个非常有效的程序，2014 年 Warp 报道称《每日秀》资深制片人帕特·金（Pat King）通过使用 Snap Stream 的程序，已经将员工的工作量减少了 60% 至 70%。金说："过去要花 10 到 12 分钟的时间才能获得一个片段。现在的速度要快得多，这使得从草稿到重写到排练、播放的过程更加顺畅。"

想象一下，当所有互联网内的视频都可以进行即时搜索时，会发生什么情况？每一次公开演讲都会被讨论和剖析，并立即被上传到推特、脸书等社交媒体网站。突然之间，观众和消费者们拥有了法官、陪审团和刽子手的权力，他们会即时决定信息的真实与否，并将他们的意见与证据在世界范围内分享。

不过，我们不需要视频检索技术的成熟，就能体验到透明的力量。在线评级系统已经十分强大且富有影响力。所以各行各业，从餐馆到汽车经销商，再到演讲家、外科医生，都感受到了这种影响。

Yelp、易趣（ebay）、猫途鹰和亚马逊等网站都引入了消费者评论，邀请那些不满意、不开心的用户发表评论，供其他人参考。考虑到社交媒体网站的广泛应用和搜索引擎的即时检索，这些评级系统拥有毫不费力就能创造或破坏某项业务的能力。

专业人士也能感受到评级系统的影响：Angie's List 和 Home Advisor 等网站为杂工评级；WebMD 和 RateMD 为医生评级；Avvo.com 和 Lawyers.com 等网站为律师评级。今天的消费者在做出购买或雇佣决定之前，可以获得该服务提供商的所有相关数据，这是前所未有的。

不幸的是，这些信息并不能使消费者变得更聪明，也不一定能确保更好的服务。《今日美国》（USA Today）的报道说得好："为病人提供的最好服务，不一定能让他们快乐。"

正如亚当和夏娃从伊甸园流放时学到的那样：知识并不一定能带来幸福。虽然评级网站可以让消费者更多地了解商家和服务情况，但也可能会对消费者获得的产品和服务产生负面影响。

在实验室中，研究设计人员必须考虑"观察者效应"并进行相应调整。简单地说，仅仅观察的行为就可以改变被观察事物。例如，温度计必须吸收或释放热能才能记录温度，而这意味着，当温度计工作时，它实际上已经改变了正在测量的温度。

除此之外，你还要牢牢记住：事实、数字、调查和研究都可以被操纵，用以支持营销者的一切推广目标。

2015 年 9 月出版的《男性杂志》（Men's Journal）中有一篇文章这么说："丹麦一项最新研究显示，与每小时 5 英里慢跑速度相比，每小时 10 英里的慢跑速度可以让跑步者的膝盖压力降低 80%。"对于我——一名膝盖有问题的跑步者来说，这篇文章似乎很有见地，让我重新思考我的跑步情况。但稍加审视，我发现了很多疑点。这篇文章的核心内容是"跑得更快对你的膝盖更好"，但对于研究对象，文章并没有提供更多信息。

在理想的实验环境下，速度较快与较慢的跑步者应该具有完全相同的物理属性（如身高、体重等），这样才能保证测试结果只受速度与步幅的影响。当然，文章中的实验似乎并没有考虑到这一点。

造成这一结论的原因可以有很多，例如，跑步速度较慢是因为跑步者年纪更大、体重更重，或者只是没有其他人那样的跑步天赋。因此，他们膝盖疼痛加重的原因很可能与其自身体重或身体状况有关，而不是跑步的速度。

无论我们是想跑得更快、回顾政客们的演讲、决定去哪家餐厅，还是选择度假地点，更多的信息并不一定意味着更准确的信息。尽管我们可以获得越来越多的经验数据，但这些数据并不能带来更好的决策。

作为消费者，我们面临着两个重大问题：如何评估即将到来的海量数据的准确性和质量——这是一个迫在眉睫的问题，也被称为"信息肥胖"；如何充分利用我们现有的工具，尽可能做出更好的决策。

作为营销人员，我们的问题既相似又不同。首先，我们如何管埋越来越容易获得的海量商业数据？其次，我们如何利用这些信息帮助消费者做出最好决策，并让他们与我们的公司合作，购买我们的产品和服务？

这些都是"以客户为中心"力求回答的问题。

All About Them

第三章

关注品牌价值：
利用语言和故事的力量

人口普查

人口普查员敲了两次门，隔了一段时间，一个留着灰色胡子的老人打开了门。

"打扰一下。"人口普查员问道，"亚伦·戈德斯坦先生生活在这里吗？"

"不！"老人回答。

"你叫什么名字？"人口普查员又问。

"亚伦·戈德斯坦。"老人回答。

"刚刚你说过亚伦·戈德斯坦不在这里生活？"人口普查员有些吃惊。

老人环顾四周："你把这叫作生活？"

背景高于内容

在 1996 年的突破性著作《数字化生存》（*Being Digital*）中，麻省理工学院媒体实验室创始人尼古拉·尼葛洛庞帝（Nicholas Negroponte）创造了一句名言"内容为王"（*Content is King*）。尼葛洛庞帝认为，随着数据的即时性与普遍性的增强，其移动方式并不重要，但移动的特定数据（以"比特"为单位）是有价值并且至关重要的。据尼葛洛庞帝说：

比特的估值很大程度上取决于它是否能被反复使用。在这一点上，米老鼠的比特要比《阿甘正传》（*Forrest Gump*）的比特更值钱。更有趣的是，迪士尼的未来观众以每小时超过 12500 人的速度出生。1994 年，迪士尼的市值比大西洋贝尔（Bell Atlantic）的市值高出 20 亿美元，而当时大西洋贝尔的销售额增长了 50%，利润也翻了一番。

在一个可以通过鼠标点击创建和复制内容的世界中，内容已经让位于一个更强大的概念：背景。今天，背景才是王者。这是一种几乎未被人察觉的范式，但在近代历史中不断重复，并发展出一套简单可复制的模式。

例如，巴勃罗·毕加索（Pablo Picasso）的雕塑作品《牛头》（*Bull's Head*），就是内容和背景区别的最佳解释。1942 年，毕加索将一个废弃的自行车鞍座和把手放在一起，完成了这个作品。《牛头》被称为毕加索最著名的作品，一个简单而又惊人的物体变化。但是，如果欣赏者不理解《牛头》的创作背景，那么它就失去了让人惊奇的力量。

今天，毕加索的作品被看作是一种巧妙的物品组合，一种创新艺术手法：将两种常见物体的功能标识转换为视觉标识，并创造出新的东西。比如，将自行车把手和鞍座变成公牛的头。

但是，深入研究毕加索雕塑的背景，就会发现一些不同的东西。进入20世纪，西班牙经历了三大可怕灾难，这些灾难永远地改变了西班牙文化的基调。毕加索的雕塑就是那个时代的导游。

透过毕加索时代那血淋淋的镜头，我们看到，这位艺术家所做的不是物品的变形，而是祖国的蜕变。

1918年发生了知名的西班牙流感，在全球范围内感染了5亿多人。全世界估计有5000万到1亿人死于此次疫情，约占全球人口的3%——这比第一次世界大战中死去的人还要多得多；西班牙流感肆虐的第一年，其杀死的人数，比历史上著名的黑死病4年间（1347—1351）造成的死亡还要多。在西班牙本土，800多万西班牙人因为该病死亡。

流感悲剧发生后不到一代人的时间，1936年西班牙爆发了暴力内战。三年后佛朗哥将军（Generalissimo Francisco Franco）宣布胜利时，大约有20万至30万西班牙人丧生。

但是，内战的结束并不意味着西班牙死亡潮的结束。在极端民族主义者的铁腕统治下，法西斯政府在全国各地建造了190多个集中营。据估计，佛朗哥的政治敌人中有20万到40万人死于这些集中营，包括强迫劳动和处决。

在这一系列可怕事件发生之前，西班牙是一个田园国家。由于壮观的比利牛斯山脉将该国与北部邻国隔离开来，西班牙与南部非洲国家的共同点比与法国等欧洲国家还要多。从公元700年到克里斯托弗·哥伦布（Christopher Columbus）在1492年发现美洲，西班牙的主导文化一直是伊斯兰教，而不是基督教。经历过新世界的黄金热潮退去后的经济困难，西班牙将自己与欧洲大陆隔离开。这种隔离是如此的彻底，以至于西班牙"身在欧洲里，心在欧洲外"。此外，佛朗哥的法西斯政府对外交也并不上心，没有任何改善与他国关系的举措。由于这些自我限制，西班牙文化与欧洲其他国家的文化发展截然不同。

几代以来，毕加索故乡的象征一直是公牛——埃尔托罗（El toro）。这只高贵的野兽代表着权力、交通、食物、勇气、男子气概——它拥有西班牙人民所有的象征属性。但正如我们所了解到的，20世纪的几件可怕事件大大改变了这个国家的基调。

毕加索的作品是在法国相对安全的环境下创作的，由收集的垃圾组装而成。两件废弃物品组成牛头，这并不是巧合，而是这位艺术家对西班牙转变的评论。在毕加索看来，家乡的风景事物已经从农业变为工业，从自然变为机械。一个经由数百年培育的充满爱心的社会，现在却是由垃圾粗鲁地打造而成。

虽然雕塑的内容没有什么价值，但它的背景包含了将近900万生命的毁灭，以及丰富文化的陪葬。

几年后的美国，安迪·沃霍尔（Andy Warhol）创作了画作《坎贝尔汤罐头》（*Campbell's Soup Can, 1962*）。就像毕加索的《牛头》一样，这个艺术系列也为整整一代人的欲望与动机——美国职业女性——提供了一个特别的观察窗口。

历史告诉我们，沃霍尔的灵感来源于罗伊·利希滕斯坦（Roy Lichtenstein）的漫画作品，他对将日常常见图像（物品）转化为艺术的想法很感兴趣。于是，沃霍尔买了一堆坎贝尔的汤罐头，把它们投射到画布上，用机械级的精度描绘它们的图像。

沃霍尔最初的作品在洛杉矶的费鲁斯画廊（Ferus Gallery）展出时，确实引起了些微的轰动，但大多数公众认为沃霍尔的作品是垃圾，这是因为他们对《坎贝尔汤罐头》的创作背景并不了解。

和毕加索一样，沃霍尔在二战后的美国生活、工作——这也是一个被20世纪重大事件严重影响、改变的国家和文化。

在战争期间，1610万美国士兵平均服役33个月。整整四分之三的人驻扎在海外，人均16个月。悲惨的是，其中291557人根本没能回来。

战争期间，社会局势发生了巨大变化。由于缺少男性劳动力，妇女们纷纷走出家门，进入商业、工业等岗位上。铆工罗西是当时推出的一个虚构女工形象，她的袖子卷在凸起的肱二头肌上，头上绑着红白相间的圆点围巾，是"新女性"的最佳代表。

二战期间，超过1900万美国妇女外出工作。虽然在战前，许多妇女已经外出工作维持生计，但在战争期间，她们占据了通常由男性们担任的制造业职位和公司高管职位。当然，在战争结束后，这些女性可以选择回到她们的家庭传统角色中，但她们并没有。

在第一次世界大战期间，流行歌曲"你如何让他们回到农场（在他们见识过巴黎之后）"讲述了美国南部和中西部地区人民，想让那些在欧洲服役完毕的军人回到他们不那么繁华的家乡的忧虑心情。

就像歌中鲁本先生问他妻子的那样：

在他们见识过巴黎后，你怎样让他们留在农场？
你怎样让他们离开爵士乐，在镇上做个油漆匠？
你怎样让他们远离伤害，这是一个谜。
他们永远不想看到耙或犁。
你要怎样把他们留在农场里，
在他们见识过巴黎后？

但二战后问题就不一样了。虽然女性们的父亲、儿子、丈夫和兄弟从海外战争中归来，但社会又怎么能让那些尝过职业成功的女性放弃一切，回到以前的家庭附属角色中呢？

沃霍尔的艺术品表面上只是普通汤罐的简单复制，但在这种情况下有了全新的含义。

早先时候，女人的传统生活场所就是家中，负责烹饪这项艺术。大多数妇女都是从零学起，丰盛可口的饭菜是时间、知识、技能、工艺、创造力，以及爱的结晶。但是，现在有相当多的妇女在外工作，没有时间做饭，烹饪的艺术也变得机械化了。如果说原来食物是艺术，那么由于社会的变化及沃霍尔的解释,现在的艺术是食物。现在的食物则是机械化、批量生产的,并且被装在罐头里的。

了解沃霍尔所处的时代环境,让我们可以以全新视角看待他的作品。通过了解沃霍尔的艺术,我们可以更深入地了解当时的生活情况及社会变化,以及这些变化如何改变这个国家,乃至整个世界。

或许对你来说,这些例子有些过时,很难与你的日常生活联系起来。那么,让我们回到21世纪,看看一位当代艺术家的作品背景。

你的品牌要传达什么

我在迈阿密海滩长大,那时家里只有一台黑白电视。当我和弟妹们向父亲要一台彩色电视机时,他总是耸耸肩,耐心地解释说,我们不能买彩色电视机,因为我们只有黑白电视的电。我的母亲更离谱,她说:当世界变成黑白时,我们就会得到一台彩电。很明显,我们三个小孩很容易上当受骗,因为我一直蹭朋友家的彩电看,一直到上大学。

大学一年级的时候,我和室友们坐在宿舍里观看我最喜欢的电影《绿野仙踪》(*The Wizard of Oz*)。这是一部老电影,当然是黑白的。故事从堪萨斯州的多萝西开始,一阵龙卷风把多萝西的房子卷起来,把她吹到了芒奇金国。当她降落时(当然是砸在东方坏女巫的头上),绚烂的色彩忽然在荧屏上爆发,邪恶女巫的红宝石拖鞋在屋下闪闪发光。

我惊呆了。我从来没有看过这部电影的彩色版,我甚至不知道还有彩色版的存在,这让我感到震惊无比。我突然意识到,尽管以前我听说过红宝石拖鞋、黄砖路、不同颜色的马,以及翡翠城,但在我看来,这些绚丽的色彩都被隐藏在显而易见的(黑白)画面下——这对这部电影来说是个十分恰当的比喻。

我想你已经知道故事情节:多萝西在堪萨斯州的家里不开心,她的头撞了一下,然后在芒奇金国醒来。因为砸死了坏女巫,多萝西成了英雄。然后她和小狗托托开始顺着黄砖路前进，沿途遇到了稻草人、锡人和懦弱的狮子。

最终，他们一行人来到了翡翠城，他们的目标是找到伟大的奥兹国巫师，请巫师给予他们各自需要的东西：稻草人的大脑、锡人的心、懦弱狮子的勇气，以及多萝西和托托返回堪萨斯的单程票。

但巫师有个条件，要多萝西他们去打败西方的邪恶女巫，而女巫被一群受到迷惑的士兵和可怕的飞行猴子保护着。

这里我就略过战斗的细节，多萝西和她的团队最终击败了邪恶的女巫，让士兵们从迷惑状态中解脱，并回到翡翠城。随后，他们发现巫师是个骗子（"不曾注意到的幕后人"）。尽管巫师有多萝西的同伴们需要的东西：铁皮人的心形钟、稻草人的文凭、懦弱的狮子的奖章，但他没有办法将多萝西和托托送回家。

这时，好女巫格伦达出现了。格伦达告诉多萝西，其实她想要的东西一直在她身边，她只需轻点脚跟，不停重复"没有比家更好的地方，没有比家更好的地方……"就能回到家中。多萝西按照女巫说的去做，只听咔嗒一声，她就被送回了堪萨斯的家中。然后她的梦就醒了。

不过，等一下。让我们回到最后一幕，格伦达告诉多萝西如何回家那里。格伦达不是好女巫吗？重新看一遍这段情节，我敢打赌你也会怀疑她到底有多好。如果我是多萝西，我会大发雷霆："这都是什么鬼？！我想要的一直在我身边？那我为什么要跟三个怪胎一起穿越这个鸟不拉屎的国家，为什么我要对抗狮子、老虎和大熊，还要被食人树袭击，被该死的飞猴追赶，差点在罂粟田里吸入过量毒雾，还杀了两个女巫，最后大老远地跑回到这里。而你告诉我我想要的就在我的身边？这是什么狗屁逻辑？！"

当然，电影《绿野仙踪》是对生活的隐喻。电影的意思是告诉我们，我们应该对已经拥有的感到满意，因为这就是我们真正想要的。为了防止观众不了解潜台词，导演安排多萝西醒来时，站在她床边的人与她在旅途中遇见的不同角色一一对应。

电影要传达的信息和本章内容一致：你的品牌代表的内容，就隐藏在显而易见的地方。

想要获得答案，你只需要沿着黄砖路走下去。

永不满足的一代

过去，每当有人问你："你昨晚看电视了吗？她太搞笑了。"但如果你没看的话，你很可能永远也不会看到了。毕竟，只有少数电视节目会重播一两次，但如果你错过了重播，你就永远没有机会了。

今天的情况则截然不同，你只需打开YouTube网页输入几个单词，就可以查看几乎任何时间、任何节目的任何片段。这简直太棒了，因为这意味着你可以观看2009年2月29日路易·C.K.在柯南·奥布赖恩（Conan O'Brien）节目上的咆哮。

路易斯·C.K.一直在谈论当时的创新性技术，但他的见解更为深刻。这位喜剧演员斥责那些抱怨手机联网速度不够快的人，提醒他们信号"必须到达太空并返回"。接下来，他模仿那些因为一点小事就抱怨现代航空业的旅行者，然后提醒他们："你是坐在飞在空中的一张椅了上！"

路易斯·C.K.的言论指出惊人的科学技术的普遍存在，但这些科技将如此多的人变成了自私自利的"即时一代"。

背景在艺术和娱乐领域之外，也具有巨大的影响力：在商界它也是强有力的工具。汽车业的发展，就是绝佳案例。

时代的力量

伟大人物的想法总是相似的，不同的人经常在同一时间提出相同的发明。例如，许多发明家同时研制灯泡，最终托马斯·爱迪生（Thomas

Edison）破解了电灯的奥秘并且制造出第一盏可工作的电灯。当马可尼（Marconi）成功制造出无线电设备时，许多工程师也在研究无线电。许多发明家，包括阿道夫·迪塞尔（Adolph Diesel）和戈特利布·戴姆勒（Gottlieb Daimler），同时创造了现代汽车。但是卡尔·本兹（Karl Benz）在1886年获得了第一项专利。在世纪之交之前，他每年生产将近600辆汽车。这些创新者创造了现代汽车的"内容"。

但亨利·福特（Henry Ford）搞定了背景。

在福特创造汽车的背景之前，老式汽车与现代汽车差别很大，倒是与喷气式滑雪板有更多的共同之处。因为这些车辆是定制的，价格非常昂贵，而且主要用作娱乐，而不是作为交通工具。

当时的问题是，没有足够的汽车加油站，没有足够宽大平整的道路，也没有足够的汽车修理厂或轮胎店为司机提供服务，所以汽车不可能作为日常交通工具。人们使用汽车外出游玩，但来回距离不能超出油箱的容量。如果一辆汽车在外抛锚，通常没有办法修理，因为没有足够受过训练的汽车修理工。此外，由于汽车是手工定制的，更换部件无法在不同的车辆间互换，当然也没有库存了。

亨利·福特意识到了汽车业的《第二十二条军规》[1]。他看到，除非汽车支持服务无处不在，否则汽车不会流行；但是，除非道路上有足够的汽车，否则也不会有那么多人提供无处不在的汽车服务。

福特取得的重大突破，是让汽车降到了大多数中产阶级家庭都能负担得起的价格。汽车拥有量提高，用户所需支持服务就会涌现。因此，福特开发了一系列创新生产技术，既降低了价格，又提高了销量。

很多人都听说过这么个段子：福特的TS车型只有黑色的。为什么没有其他颜色可选？因为为了省钱，装配厂只配有一条油漆线；其使用的日本黑漆是干燥速度最快的油漆，可以帮助福特公司削减生产时间。

---

1. 译者注：《第二十二条军规》小说的英文名字"Catch-22"，已经成为英语中"难以逾越的障碍"或"无法摆脱的困境"的、自相矛盾的、"坑爹"的、荒谬的、带有欺骗忽悠性质的暗黑规则的代名词。（以上内容来自百度百科）

福特还发明了许多其他省钱技术以及更多的产品，比如第一条现代装配线以及可互换零件的军事级进步。福特还想出了利用供应商降低价格的策略。福特是一个冷酷无情的谈判者，他坚持对供应商的要求和规格，此举帮助他的公司节省了一大笔钱，生产了更多便宜的汽车。

但福特最重要的创新之处在于：运用他的远见塑造未来。他明白，为了改变汽车的背景，他不能只是被动地生产汽车去满足潜在消费者；相反，他必须创造出新的现实。就像他曾说过的那样："如果我问我的客户想要什么，他们只会说'更快的马'。"

巧合的是，21世纪最伟大的企业家之一、苹果公司创始人兼首席执行官史蒂夫·乔布斯在一百年后的言论呼应了福特，"人们不知道想要什么，直到你把它摆在他们面前。"他说，"所以你不能去问别人，下一件大事是什么？"

当然，福特和乔布斯的远见卓识不止这一点。1903年，密歇根储蓄银行行长建议亨利·福特的律师不要投资福特汽车公司，他警告说："马永远都会存在，但汽车只是一种新奇的东西，一种一时流行的怪念头罢了。"1977年，就在苹果推出Mac[1]电脑的七年前，数字设备公司（Digital Device Corporation）的董事长兼创始人肯·奥尔森（Ken Olson）在世界未来学会（World Future Society）上发表了这样的讲话："对个体消费来说，没有任何必要买一台电脑放在家中。"面对他们轻视的新发明，这二人都只看到了内容，没有看到背景。

1907年，温顿汽车公司（Winton Motor Carriage Company）发布了一则广告，标题是《放弃马吧，省下养马的费用、担心与焦虑》（Dispense with a Horse and Save the Expense, Care and Anxiety of Keeping It）。这听起来很古雅也很古板，但将这则广告放在今天依然有效。只要把"马"一词换成"汽车"，它就变成了打车软件优步（Uber）的广告："放弃买车吧，省下养车的费用、担心与焦虑"。

尽管优步似乎在与出租车行业竞争，但实际上该公司的做法正在降

---

1. 译者注：全称 Macintosh。

低私家车的拥有量。当然，今天的优步司机必须拥有自己的汽车，但这只是暂时的。随着自动驾驶汽车成为常态，人类司机不再是优步服务的一部分。如果你深入观察优步正在发展的技术，你会发现它不仅仅擅长运送乘客：优步正在创建可运送一切产品的物流系统，而这一部分市场目前由其他公司使用其他技术提供服务。

温顿汽车公司和优步传达信息的关键，并不在于交通设备的功能：温顿的无马马车，以及优步的私人共享汽车。作为被替代者，大部分的马匹和汽车完全有能力将它们的骑手或司机从A点运送到B点。这两家公司信息传达的重点是交通设备的操作背景。他们使用非功能性情绪刺激影响用户的使用意愿，即养车或养马的"费用、担心与焦虑"。

说到交通设备，你还记得你第一次骑自行车的情景吗？对我来说，一切都如昨天般清晰。

将情感诉求和功能收益分离

那天，我跳上了闪亮的蓝色自行车——我的生日礼物。我与晃动的车把搏斗、挣扎，努力让车子沿着街道行进。我的父亲一直紧紧跟着我，扶着车座，帮助我和自行车保持直立。

有一天，我爸爸悄悄地放开了手，让我独自骑行。我还毫无顾虑地沿着街道前进，忽然回头一看，才发现他已经不在我的身边。那时他距离我已经有一个街区，喘着气看着我越骑越远。但，最终摇晃的车把和地心引力取得了胜利，我撞上了人行道。

三十年后，我教我儿子丹尼骑自行车时，情况完全一样。他和车把搏斗，摇摇晃晃地走着，就像我三十年前那样，他也在人行道上躺了一小会儿。

但没过多久，丹尼就能完美地控制自行车了，他的生活从此彻底改变：突然间，他可以自己去朋友家，也可以自己骑车去公园。

他自由了。

几年后，我教我女儿游泳。阿里站在池边，我站在离池边一段距离的水中蹦蹦跳跳。她兴奋地说："准备好了吗，爸爸？"然后小胳膊一挥，蹦入水中。她的身后留下一串水泡，整个人沉入水底。阿里会一直待在水底，直到我俯身抓住她，把她拉出水面。她长吸一口气，大笑起来，然后尖叫喊叫："爸爸，再来！"我们会一遍又一遍地重复这一过程。

几个周末之后，阿里发现了漂浮的秘诀。她会跳入池中，一路狗刨游到我身边。现在，她可以去朋友家参加游泳派对，在沙滩上沿着海浪跑，而不用担心溺水。

生活再也不一样了。

古希腊人称这是"关键的发现瞬间"，所有事物都会发生变化；马尔科姆·格拉德威尔（Malcolm Gladwell）称其为"引爆点"——这是一种瞬间发生的催化机制，给你带来全新的视角、机会和可能性。离开父亲的帮助独自骑行，在水面上游动，这都需要信念的飞跃以及一些新的技能。在骑行和游泳这两种情况下，找出违反直觉的解决方案，会让一切都变得不同——它会改变一切。

建立"以客户为中心"的品牌也是这样。一旦你创造了一个引人注目的品牌，你就达到了自己的临界点，一切都将变得不同。关键是，你要如何做到这一点？

这就是品牌打造过程中违背直觉的地方——就像骑自行车或者在游泳池里游泳一样——你需要新的技能。

大多数人都会不停地谈论自己的产品：零售商有多少家店铺；电脑如何强大；公司做了多长时间的生意，等等。问题是，除非对你的产品或服务感兴趣，否则没人关心这些事情。正如西奥多·罗斯福（Theodore Roosevelt）所说："在知道你有多在乎之前，没人在乎你知道多少。"

如果你不想去一家餐厅，就不会在乎他们有多少种葡萄酒；如果你不想穿一双跑鞋，就不会在乎它有多便宜。你不会关心有多少名律师为一家你既没听说过、也不打算联系的事务所工作。你不会在乎一辆你永远不会开的车的油耗,也不会在乎一件你永远不会试穿的西服是否合身。

请不要误解:所有这些产品属性对性能和满意度都是至关重要的。但它们就是所谓的"相信的理由"(reasons to believe),只对对你产品感兴趣的客户有效,对不感兴趣的潜在客户则不能产生任何兴趣和影响。

你的产品或服务的真正价值,是建立在产品/服务操作背景上的。学会骑自行车并不是为了了解齿轮比或车轮直径,而是为了自由。毕加索的雕塑不是巧妙地将两块垃圾焊接在一起,而是评论西班牙社会的转型。路易·C.K.的咆哮也不在于手机联网速度或飞机飞行速度,而是在于这些技术帮助我们实现的目标。

将情感诉求与功能收益分离,可以在不改变运营效率的前提下增加我们产品和服务的价值。要做到这一点,最好的方法之一就是成为"SPOC"。

SPOC:可持续运营方式

我的保险公司犯了个错误。

出于一些奇怪的原因,它没有记录我的风灾保险证明文件,居然又为我家买了一份风灾保险。我住在迈阿密,经历过几次毁灭性的飓风,所以风灾保险对这里的人来说很重要。由于该地区的风灾历史,保险公司对风灾保险的金额和类型有着极其严格的要求,因为他们必须保护他们的房子和资产。正如你所预料的,南佛罗里达的风灾保险十分昂贵。更糟糕的是,如果这是强制购买保险,银行在不考虑成本的情况下为你代办时,它会变得极其昂贵。所以,当我打开保险公司的通知信时,我对他们犯的错误感到惊讶,对风灾保险的购买金额感到震惊。

但我并没有打电话给按揭公司来纠正这个问题,因为我知道这意味着没完没了的电话等待,与一堆并不关心你的人谈话,填写大量的表格和文件，然后传真、传真，再传真，只是为了证明我已经买了保险。

相反，我只是扫描了银行寄给我的文件，然后用电子邮件把它寄给我的保险代理人，并在邮件底部写了一句话："请帮我处理一下这个，谢谢。"

他的回答既简短又温暖："不用担心，我会处理的。你没必要参与进来。祝你今天愉快。"

我的保险代理人就是我的 SPOC。

我的妻子格洛丽亚（Gloria）是一位非常忠诚的、有才华的医护工作者。她在一家医疗机构的门诊工作，那里的医生对病人非常关心。她的诊所为病人提供了保持健康的一切服务——从各种需要的检查到精心的治疗，以及其他需要的所有东西。当病人的病症或者需要的治疗手段超出诊所的服务范围时，他们也会尽力将病人转介给最好的专家；此外，诊所医生还会继续跟进，以确保这些病人的病情得到妥善治疗。

与那些需要等候几个小时，然后由一位急匆匆的医生检查 15 分钟就结束的诊所不同，我妻子的诊所是一片宁静的绿洲，预约的病人能够立即接受问诊治疗。格洛丽亚和她诊所里的医生们尽可能多地花时间和病人在一起，尽一切努力帮助他们解决健康问题。

我妻子诊所同事们可能不知道，但他们也是 SPOC。

当一辆汽车在路边抛锚时，大多数人都会打开引擎盖，盯着引擎，徒劳地寻找问题所在。然后，他们要么打电话给汽车协会（Triple A）救援队，要么打电话找本地拖车，将他们的烦恼丢给汽车技工和维修账单。

但当我的一位朋友——迈克的车抛锚时，他没有这么做。他打电话给卖给他汽车的推销员。迈克的推销员不仅派了一辆卡车和一名机械师去接迈克，而且给他安排了一辆备用车，方便他继续工作。

我的朋友迈克是一位非常成功的连锁企业所有者，他所有的奔驰车都是从当地经销商那里买下或租赁的。当我说"他所有的奔驰"时，我的意思是非常非常多的车。迈克告诉我，他之所以钟情这位奔驰经销商，是因为这位经销商照顾了他所需要的一切。他知道这里的价格十分公道，他还知道他的任何需求都会得到迅速处理。对经销商来说，迈克是一位特别忠诚的高价值客户，但这反过来又为迈克提供了很高的客户服务水平，足以使该公司与其他普通经销商区分开。迈克的销售人员明白，迈克从他们那里购买的不仅仅是奔驰的性能或地位，还有该公司提供的无忧无虑的使用体验。

迈克的奔驰车销售人员和经销商就是SPOC。

在这个用鼠标点击一下就能指导产品信息和价格的时代，你真没有什么独特的选择来发展你的业务。当然，你可以降低价格，人们肯定愿意和你做生意，因为你太便宜了，但这并不是健康的公司经营方式。你可以提供一些别人没有的东西（专业、专利程序、无与伦比的位置、特殊的软件，或者规模优势）。你也可以开发一个品牌，为你的产品增加价值。

但是当你做这些事情的时候，你可以像我的保险代理人、我妻子的诊所、迈克的奔驰经销商一样，成为一个SPOC，让你的客户永远没有打电话给你竞争对手的需求。

SPOC是个简单的缩写，意思是"单点接触"（single point of contact）。通过为客户提供出色、全面的服务，SPOC创造了一个强大的真空，没有竞争的空间。通过成为单点接触，SPOC们以"以客户为中心"的方式展示了他们的价值。

我不需要和那些不断找上门的保险公司接触，因为我知道，我的家庭和资产不仅得到了很好的保障，而且我不必动一下手指就能实现。我的保险SPOC致力于建立这种信任关系，他甚至解决了并非他造成的问题，比如保险公司犯的错误。他很了解我，知道我对幕后的事情不感兴趣，所以他不需要给我留下努力做了大量工作的印象。他只需要说："不用担心，我会处理的。你没必要参与进来。祝你今天愉快。"就能让我十分满意。

获得SPOC的位置并不容易，这并不适合懒惰或胆怯的人。但这是一种非常出色的、可持续的企业经营方式。在这不断变化和动荡的时代，这是一个非常强大的、有利的位置。

SPOC是一个强大的"以客户为中心"战略，因为它会告诉你的客户，你企业的存在就是为了让他们生活得更好。就像毕加索雕塑和福特的汽车厂一样，这一战略专注于客户所处的背景，并以一种积极的、难忘的、令人十分满意的方式将客户的所有注意力都吸引到你的身上。

就像学游泳或者骑自行车一样，学会让你的品牌"以客户为中心"，可以改变一切。一旦你学会了，你的世界就会大有不同。

将快乐传递给消费者

当埃德加·爱伦·坡（Edgar Allan Poe）在《泄密的心》（*The Tell-Talee Heart*）中描述心烦意乱的凶手了解"秃鹫眼"老人（受害者）的感受时，他通过对身体感受的描写设定相应的情绪感觉。他使用了一些合成词，如脊柱刺痛（spine-tingling）、背痛腰断（backbreaking），让我们对情节有了更深入的了解。因为我们不仅通过这些词理解了字面含义，而且还感受到了作者试图传达的情感。

你肯定听别人用过这样的描述：潜在的危险让他"脖子后面的寒毛都立起来了"；吃惊时"眼珠都要掉出来了"；或者"心脏快跳出胸口"。

额外的身体感觉可以让我们的体验更加深入，让我们更有临场感。这些感觉也丰富了我们的理解，并以一种非理智的情感来强化它，这是仅凭理智思维无法享受到的。

营销人员也会利用身体感觉来让我们对广告信息产生反应。助消化的泡腾片产品Alka-Seltzer的经典广告词就是"我不敢相信我吃了所有这些"，并将消化不良产生的恶心感觉与两种抗酸剂溶于水中的舒缓汽化声进行对比。最近，ALS[1]冰桶挑战将朋友间的不那么令人舒服的娱乐

---

1. 译者注：ALS为肌萎缩侧索硬化，它是上运动神经元和下运动神经元损伤之后，导致包括球部（所谓球部，指的是延髓支配的这部分肌肉）、四肢、躯干、胸部腹部的肌肉逐渐无力和萎缩。（内容来自百度百科）

挑战与社交媒体的公益性结合在一起,并通过录制挑战视频在互联网传播,最终 ALS 协会在全世界范围内筹集了 2.2 亿美元。可以说,冰桶挑战这条广告的效果史无前例,对比发起挑战的前一年,ALS 协会仅收到 250 万美元的捐款。

这种启发性的感觉——当身体感觉导致更深层次的享受和参与时的刺激感——被称为"鸡皮疙瘩时刻"。这正是比赛获胜、交易达成时的感觉。即使你想晚些再做出选择,"鸡皮疙瘩时刻"也会提醒你,这就是你要购买的商品。你手臂上的鸡皮疙瘩(或者脖子后面寒毛竖立)是一种催化剂,促使你对刚刚的体验进行定义。

这些一闪而过的感觉不仅加深了你对这一刻的感受,而且还创造了可以重复体验的记忆。例如,在婚礼上说出的"我愿意",听到孩子说出的第一个词,或者在迪士尼恐怖塔中的吓人遭遇,都会深深地铭刻在我们的记忆中。与此同时,它们也会永远依附在我们这些经历的品牌价值之上——无论是我们的婚姻、孩子,还是迪士尼世界之行。

不过,"鸡皮疙瘩时刻"不仅仅只发生在重大事件中。任何时刻,我们身体的感觉都能帮助我们定义体验。这也是为什么苹果公司花费那么多时间设计点击起来十分舒适的键盘;为什么雷克萨斯(Lexus)豪华轿车的车门可以毫不费力却又带有满足感十足的"砰"声关闭;为什么 Edy 家的冰激凌要搅拌得像奶油一样细腻,巴黎之花(Perrier-Jouët)要让香槟起很多泡。

这也是为什么诺德斯特龙(Nordstrom)的销售助理走出收银台将商品送到你的手上;为什么电子烟在工作时会发光;为什么哈雷－戴维森(Harley-Davidson)摩托车的油门声如此响亮,而特斯拉(Teslas)的电动汽车却安静无比。

虽然这些产品的体验各有不同,但它们的基础技巧都是相同的:它们都激发了我们的感官刺激。有些产品会加强特定感觉以刺激购买,如塔巴斯哥辣酱(Tabasco)火辣辣的感觉,"地、风与火"乐队(Earth, Wind & Fire)歌曲中沉重的贝斯,但感官的刺激往往与产品的功能没有直接关联。比如，车门"砰"的一声，向潜在买家展示的是坚实的车身和优秀的质量。

有些"鸡皮疙瘩时刻"的创造既费时又昂贵，就像劳斯莱斯（Rolls-Royce）在其"幽灵"双门跑车的1.2万美元星光皮革头衬上精心安装1340个光纤灯泡一样；有些则像在你的早餐蛋卷上撒上调味酱或海盐一样容易。

说到食物以及由嗅觉和味觉产生的"鸡皮疙瘩时刻"，这里有一个简单的方法，可以加强你的日常相关体验。众所周知，气味能增强食欲、愉悦感官。因此，你只需要将少许磨碎的豆子和肉桂混合在一起，放在咖啡机、办公室或零售店内，就能为顾客和员工创造出一个强大的"鸡皮疙瘩时刻"。

肉桂是今天的常见食品之一，但是它十分强大，并且有着迷人而又引人入胜的历史。它不仅有助于控制2型糖尿病患者的血糖，测试还表明它对胆固醇和甘油三酯有着积极的影响。其他研究表明肉桂可以减轻头痛，帮助测试对象集中注意力。嗅觉科学家甚至相信肉桂的气味能产生兴奋的感觉。

但在中世纪的欧洲，肉桂是一种罕见的、高贵身份的象征，因为它具有保存肉类以及掩盖腐烂气味的独特能力。葡萄牙人征服锡兰（现在的斯里兰卡），就是为了控制这种香料的生产和进口。哥伦布甚至向伊莎贝拉女王保证，他在新大陆发现了肉桂，但事实证明他是错的。不管历史如何，在商店或者办公室中使用这种香料，是一种简单、经济的创造"鸡皮疙瘩时刻"的方式。

说到简单又经济的创造"鸡皮疙瘩时刻"的方法，我想给你读一下我的朋友苏林·蒂勒曼（Soren Thielemann）——一位非常有才华的艺术总监——给我的短信：

早上好，布鲁斯。我在劳德代尔海边的一家小咖啡馆里，他们的门把手让我感觉非常有意思。他们将原来的门把手卸了下来，安上了个面包师的搅拌棒。多有趣啊！我还没有品尝他们的食物和咖啡，但我已经喜欢上这个地方了。这就是第一印象和创意的力量。

我欣赏的不只是门把手，还有创作与分享的乐趣。这个小小的创新不仅是咖啡馆的有趣介绍，同时还说明了在商业环境中创建一个强大的"鸡皮疙瘩时刻"可以多么简单与经济。

快乐是一件可以分享和享受的小事，但是我们似乎很难腾出时间去制造快乐，尤其是在商业环境中。然而，当它经过我们的生活时，我们会深情地将它记住。

我还记得在一家餐馆排队等三明治的时候，一位厨师从厨房里走出来，递给我们装满免费热汤的小纸杯。

我还记得在约塞米蒂（Yosemite）马术中心，当我妻子和孩子们兴高采烈地骑着马时，一位长得像威尔福德·布里姆利（Wilford Brimley）的人指引我走到湖边去看我的书。（我这辈子骑过两次马——第一次也是最后一次！）

我记得文斯·吉尔（Vince Gill）的歌曲《珍妮梦见火车》（*Jenny Dreamed of Trains*）的最后，吉他手把伊丽莎白·科顿（Elizabeth Cotton）把《货运列车》（*Freight Train*）的旋律偷偷合进了独奏中。

这是一种优雅的姿态，卡津人[1]称之为"商店的小赠品"（lagniappe），它能将普通的日子变成一个值得纪念的事件，并创造"鸡皮疙瘩时刻"。就像你在玉米花生糖盒子（Cracker Jack box）里发现小玩具的惊喜；就像《漂亮女人》（*Pretty Woman*）中，理查·基尔（Richard Gere）合上珠宝盒时，朱莉娅·罗伯茨脸上会心的微笑；就像随iPad赠送的《维尼小熊》（*Winnie the Pooh*）绘本；就像风雨过后的彩虹；就像在一条旧裤子里找到的美钞；就像播放披头士（Beatles）的《艾比路》（*Abbey Road*）专辑，《最后》（*The End*）（听到这时你已经因为专辑的介绍而感到失望）结束后14秒又响起了《女王陛下》（*Her Majesty*）。

---

1 译者注：Cajuns，移居美国路易斯安那州的法人后裔。

快乐往往是轻松的、免费的，并且几乎总是出乎意料的。当事情让人心情低落时，它们似乎就会出现（在拥挤的飞机上，在一场沉闷潮湿的雷雨之后，在披头士专辑的最后一首歌之后，等等）。

小小的快乐很难创造，但很容易识别。最重要的是，它们是提供客户满意度、鼓励客户重复体验的最低廉的方法。

利用身体感觉来增强产品或服务的体验，是一种可行的方法。你也可以使用一些小小的快乐和"鸡皮疙瘩时刻"来建立你的品牌价值。

语言的力量

兰迪·盖奇（Randy Gage）教我怎么进行主题演讲。他的重点是：主题演讲是你想让你的听众去理解、跟随、学习的单一想法。盖奇说，"主题"（keynote）这个词已经准确地解释了演讲的模式：传达单一信息——围绕一个主题的演讲。

每周我都有几次机会出现在梅丽莎·弗朗西斯以及福克斯商业频道的电视节目中。因此，我的朋友们一旦有了上电视的机会，他们就会寻求我的帮助。我不是做媒体培训的，但是参加了足够多的相关培训，也参加了足够多的电视节目，所以有时我也能提出一些有用的建议。

随着参加节目的增多，我开始明白一件事：无论是哪个节目，主持人／采访人（interviewer）都代表着观众（viewer）自己。当广告商只关心美国中产阶级时，约翰尼·卡森（Johnny Carson）却代表了广大的普通美国观众。拉里·金（Larry King）能够吸引这么多观众，因为他是一个"普通人"（和我们一样，只是个笨手笨脚的笨蛋），对采访的名人感到敬畏。奥普拉·温弗瑞（Oprah Winfrey）代表了一个新兴的观众群体——非洲裔美国人和女性。

安德森·库珀（Anderson Cooper）看起来还很年轻，吸引了中年观众，但他一头的灰发让我们这个年龄段的人更有亲切感。比尔·奥莱利（Bill

O'Reilly）的品牌本质与观众们的需求最为一致——他经常粗暴地评论来自大城市的、受过高等教育的嘉宾，这是他的观众想做又做不到的事情。此外，我的朋友梅丽莎·弗朗西斯十分热情和亲切，她总是让嘉宾表现得聪明机智（只要他们做好家庭作业，并且说实话）。

根据兰迪·盖奇的见解，interviewer（采访人）这个派生词的组成就表明了他的作用：前缀 inter- 的意思是"在……之间"，view 的意思是"看，看待"。所以说，interviewer（采访人）就是嘉宾与观众之间的过滤器。

Onomatopoeia（拟声词／派生词）[1]的特点是，它的发音与其本意十分相似：如嘶嘶、咔嚓等等。广告商十分善于利用拟声词这个天然助记元素，最经典的就是 Alka-Seltzer 泡腾片的广告了："扑通、扑通、滋滋、滋滋，真是令人舒缓。"你不仅听到了这些词，你还听到了药片入水和冒泡的声音，这让你感觉更好、记忆更深。

除了 interviewer（采访人）这样的派生词，我们还有很多特殊的单词，这些词的发音与其本意似乎并不相关，因为它们是由代表其意义的词根组成。

为了更好地理解 Onomatopoeia（拟声词／派生词），我找到了它的定义。维基百科将其描述为"不偏离其意思的词"，这就解释得通 interviewer（采访人）这个词的意思了。

文字语言的本意与表达之间的关系有时并不明显。例如，我们经常使用 aesthetic（美的，美学的）和 anesthetic（麻醉的；麻醉剂）这两个词，却从没注意到两者之间的关系。aesthetic（审美）是指使感官的愉悦，anesthetic（麻醉）则指关闭或抑制感官。在词根 -esthetic——意思是"关注美或欣赏美"——前面加上前缀"a"或"an"，就精确地表达出与感官相关的意思。

---

1. 译者注：原文为"Onomatopoeia"，拟声词。但据 Wikipedia 解释，其希腊语有"创造名字／词语"的意思，即派生词。作者使用 Onomatopoeia 表达了拟声词和派生词两种意思。

当然，很多词从字面上看并不积极。有多少房地产经纪人（real estate brokers）建议他们的客户破产（broke）？有多少顾问（consultants）愿意被别人称为"骗子苏丹人"（sultan（t）s of cons）？我们没有看到隐藏在这些词后的负面信息，这也是件好事。

对我来说最吸引人的部分，是这些含义就隐藏在显而易见的地方（词语里）。它们能丰富我们的谈话，帮助我们树立自己的品牌。尤其是在我们讲故事时，这些词语的含义更具影响力。

除了前面我们所说的这些，还有另外一种创建"鸡皮疙瘩时刻"的方法，它的威力和辛辣的味道、动人心弦的音乐一样强大，那就是：故事销售。

智囊团

我坐在佛罗里达州诺瓦东南大学（Nova Southeastern University）维·鸿振刚商学院（Wayne Huizenga School）的巨大行政会议室里。和我在一起的，大部分都是战略论坛（The Strategic Forum）的企业家成员们。

每隔三个星期，我都会在周五早上七点开车到劳德尔堡（Fort Lauderdale），参加论坛的月会。这个论坛是由大约 45 名企业主和首席执行官组成的专业团体，大家聚在一起分享想法，互相帮助，听取每期嘉宾的演讲。当然嘉宾也都是不同领域的商业领袖。

我们会议的结构很简单。首先，所有成员都要花上一两分钟进行自我介绍，对自己的业务进行简单阐述。然后，嘉宾们每人要花 12 到 20 分钟来介绍自己并讲解自己的生意。

我们会请嘉宾谈论三件事：（1）他们的旅程，即他们如何到达今天的位置；（2）他们的业务，以及他们看到行业和世界都发生了什么；（3）我们的团队如何才能帮助他们实现他们的目标。

在这一年里，我们发起了一个非正式的"迷你会议"，会上有 7 到

10个成员聚在一起共进午餐和交谈。一名成员会在"迷你会议"上寻求具体的建议，或者请他人帮忙审查新的商业计划。这个小团队的美妙之处在于经验的智慧，以及只有真正的友谊和希望他人获得成功的愿望才能产生的残酷的诚实。

我们每年发起两次社交鸡尾酒会。我们每年都会安排一次度假会议，整个周末，小组成员都待在一起，倾听伟大演讲者的演讲，加深彼此之间的了解。

我们还与诺瓦东南大学维·鸿振刚商学院MBA项目的优秀学生分享了我们的会议。他们坐在会议室里旁听，有机会还可以向小组介绍自己、展示自己的简历。我们通过提供导师、奖学金项目和学生们合作，会后我们还会讨论学生们如何能从小组中受益。令人印象深刻的是，一位MBA学生在几年前作为嘉宾向我们协会介绍了他的公司，然后加入了学生小组。此前，他建立了一家非常成功的企业，然后决定回到学校攻读硕士学位；现在，他已经作为正式成员坐在大桌子旁了。

战略论坛并不是我的主意。杰夫·梅谢尔（Jeff Meshel）——《机会磁铁》（*The Opportunity Magnet*）的作者，在纽约市创立了该论坛最初的团队。梅谢尔的口号是积极开发"平台的力量"，建立一个成员高度专注于互相帮助的组织。在参加完一次纽约会议后，我的老朋友兼客户塞斯·沃纳（Seth Werner）将这个小组扩大到了南佛罗里达。当然，战略论坛不是第一个以明确的相互帮助为目的，将成员们聚集在一起的商业组织。类似我们这样的团体已经存在相当长的时间了。据我所知，这个概念可以追溯到拿破仑·希尔（Napoleon Hill）在1937年畅销书《思考致富》（*Think and Grow Rich*）中提出的"智囊团原则"。希尔并没有声称是自己想出了这个主意；相反，他说这是他经历或见证过的最佳方法。

虽然一开始我并没有预见到，但战略论坛已经是我职业成功和个人幸福的重要组成部分。十二年前，当我被邀请共同创办佛罗里达论坛时，我纯粹是出于利益才加入的：我认为它能帮助我结识潜在客户，寻找新的业务。

当然这些目的确实达到了，我从战略论坛中获得的回报非常好。我的广告公司通过会员公司或会员介绍获得了数十万美元的生意。但最初开始这个论坛的时候，我没想到它能给我带来脑力上的开拓以及丰厚的友情。小组成员和嘉宾的精彩演讲可以让我兴奋好几个星期；更棒的是，我和其中一些超凡人物成了密友。除我之外，战略论坛的其他成员也很享受这种商业关系和个人友谊，甚至还有人从中获得了幸福的婚姻。

会议结束前的时间，是整个会议最有意义的部分。当嘉宾们结束演讲后，我们会在会议室里转上一圈，相互交换这个小组的真正货币：衷心的感谢。每个成员都感谢其他参与者在过去一个月中提供的帮助。乔感谢金姆帮助他开拓了商业联系；比尔感谢帕布罗帮助他审核了一份知识产权合同；贝基感谢伊冯娜推荐了一位肿瘤学家，并利用她的人际关系帮助自己的女儿获得更快的医疗预约（顺便说一句，我们是个机密组织；这些名字和内容都是虚构的）。这就是梅谢尔所说的"平台的力量"。

战略论坛的嘉宾都是当今的商界领袖。我们听过美国大型航空公司的创始人和首席执行官、亿万富翁开发商、顶尖医学专家，甚至是美国最高法院法官的演讲。我们也有幸地听取了工程师、零售商、顾问、制造商，以及你所能想象到的大多数商业和商业部门代表们的意见。正如你所想象，他们的故事都很吸引人。但是，他们的表达技巧并不总是像他们的地位和成就那样好。

那些成功的、有能力的商人们克服了巨大困难，成功建立了自己的公司，并对世界产生着积极的影响，但演讲时是如此的词不达意，这让我惊讶不已。

请别误会我的意思，我们所有的嘉宾都说得很好，都能很好地掌控他们想要分享的信息。问题是，他们中的许多人还没有弄清楚，最好故事的重点并不是故事本身的主角（也就是正在演讲的企业家自己）；重要的是，这些故事如何与听众的生活和愿望产生共鸣。也就是说，当我们听企业家讲述自己的成功经历时，我们真的希望这个故事和我们有联系，故事中的信息可以让我们运用到自己的生活中。

故事销售

美国神话学家兼作家约瑟夫·坎贝尔（Joseph Campbell）以其历史典故和神话理论而知名。他的"单一神话"理论认为，世界上所有的伟大神话和故事都只是一个神话的变体。坎贝尔甚至将他的理论扩展到我们对上帝存在的信仰或怀疑。他说："上帝是一个神秘的隐喻，超越了人类所有的思想范畴，甚至超越了存在和不存在的范畴。这些都是思想的范畴。我意思是就这么简单……因此，世界上一半的人是宗教人士，他们认为这些隐喻是事实，我们称之为有神论者。另一半是知道隐喻不是事实，这些都是谎言。他们是无神论者。"

坎贝尔的作品探索了整个历史和不同文化中的神话，从而得出结论：大多数神话故事都遵循着相同的模式。在他1949年出版的《千面英雄》(*The Hero with a Thousand Faces*) 一书中，坎贝尔将这种模式命名为"英雄的旅程"。这段旅程既确立了神话的力量，也确立了人们的理解与身份认同（我想补充的是，公司和品牌也是如此）。

坎贝尔的"英雄之旅"包含12个可复制的步骤，这些步骤构成了一个模板，在成功创造英雄的同时，也促进了观众的理解。

第一幕：启程

1. 平凡的世界。介绍英雄（现在还只是主角）的生活环境。为观众提供对英雄的全面理解，以及他的成长历史、文化等等。同时，我们也了解到英雄心中的不满或厌倦感，这预示着他的转变。

2. 冒险的召唤。我们目睹了一些事件的发生，这些事件要求英雄站出来，创造自己的历史。

3. 拒绝召唤。无论是我们的英雄自己，还是他身边的其他人，都对英雄是否能够承担召唤要求的任务表示怀疑。

4. 寻求导师帮助。我们的英雄会遇到一个更聪慧的角色或力量（来自外部或内部），为英雄提供其所需要的知识和眼界（无论英雄当时是否接受）。

第二幕：出发

5. 离开家门。英雄离开了舒适的家庭环境，开始未知的旅程。

6. 考验、盟友和敌人。我们的英雄反复经受考验，学习该信任谁，远离谁。

7. 危险接近。英雄和他的盟友为行动或战斗做准备。

8. 痛苦。英雄面对并克服了他最大的恐惧或弱点，通常在第一步就有相关伏笔。在经历了磨难和胜利之后，英雄对其产生了新的理解。

9. 奖励。英雄从克服磨难中获益，但也有失去战斗成果的风险。

第三幕：返回

10. 回家。英雄回到他原来的生活环境，带着一堆从磨难与战斗中学习到的智慧、经验与心得。这里往往以追逐场面或与时间赛跑而达到高潮。

11. 复活。英雄再次受到挑战，这是一个比最初考验还要难上10倍的严峻考验。通过在这一挑战中获胜，英雄彻底解决了旅程开始时的冲突。

12. 带着灵丹妙药归来。我们的英雄已经彻底改变，他们要么返回家园，要么继续旅程。同时，英雄以自己改变的方式改变着身边的世界。

根据坎贝尔的理论，人类使用这个模板创造了历史上所有的故事，并用它来解释未知事物，帮助听众理解世界。著名故事包括《星球大战》（*Star Wars*）、《指环王》（*Lord of the Rings*）和《黑客帝国》（*The Matrix*）在内的热门大片都遵循坎贝尔的"英雄之旅"模式。

坎贝尔发现的模式不仅仅让宗教和娱乐受益匪浅，同时也让企业创造了属于自己的神话（关于创始人与产品的），让客户们更加理解并渴望它们的产品与服务。

将你知道的史蒂夫·乔布斯的人生故事与坎贝尔的"英雄之旅"模板进行比较，你会发现它完全符合这一结构（不管书和电影里讲的故事是真是假）。

在第一幕，乔布斯的平凡世界是他从小长到大的加利福尼亚。冒险的召唤发生在尼泊尔的山脉以及俄勒冈州的苹果园。他的导师是惠普（Hewlett-Packard）的比尔·休利特（Bill Hewlett）、百事可乐（Pepsi）的约翰·斯卡利（John Sculley）、他的同事史蒂夫·沃兹尼亚克（Steve Wozniak）及其他技术伙伴。

在第二幕，乔布斯经历了考验，他的 Apple I、II、Lisa 三款电脑销售不佳，最终被他自己创建的公司开除。但他坚持使用在 Lisa 学到的课程教训，成立了 Next 和皮克斯（Pixar）。

在第三幕，乔布斯回到了苹果，用他获得的新知识取得了一系列惊人的成功，包括 Mac、iPhone、iPad、iTunes、苹果商店等。

就像耶稣、吉姆·莫里森（Jim Morrison）、约翰·列侬（John Lennon）等人一样，史蒂夫·乔布斯在他权力的巅峰时期去世，这是伟大英雄故事的典型结局。詹姆斯·迪恩（James Dean）的名言"快活早死，留下漂亮尸体"，就是他们故事的精确写照。

透过坎贝尔的"英雄之旅"，我们可以更好地理解历史上的寓言、故事和电影，但他的十二步骤对于想创建自己神话的人来说，还是有些烦琐。在这里，我推荐幽默作家比尔·斯坦顿（Bill Stainton）的《傻瓜的英雄之旅》。

比尔是一位 29 次获得艾美奖的电视制片人和幽默作家，曾为 HBO、美国国家公共电台（NPR）以及《杰·雷诺深夜秀》（*The Tonight Show with Jay Leno*）撰稿。我很幸运能在拉斯维加斯的全国演讲者协会大笑实验室（National Speakers Association Laugh Lab）中认识他，那是一个半年一次的活动，旨在教导专业演讲者们如何在讲台上使用幽默技巧。

比尔首先介绍了坎贝尔的"英雄之旅"，并向我们展示对演讲者的巨大帮助。但是，由于他在电视方面的丰富工作经验，比尔明白，坎贝尔的经典模板对大多数人来说耗时过长，无法很好地在日常工作中运用。于是他向我们展示了他的精简版本，只需要三个步骤，被简约地命名为"开始"、"中间"和"结束"。

在"开始"中，你介绍你的英雄，并将其置于危险的、不舒服的或不愉快的境地。这部分应该占整个故事的20%到25%。重要的是确保你能吸引听众们的兴趣。所以，不要说"我在做饭"。你可以说，"这是我第一次见我未婚妻的父母，不能出问题"或者"我刚刚邀请了最重要的客户来吃晚饭，一切都必须完美无缺"。

接下来是"中间"，你要"向你的英雄扔石头"，让他经历"糟糕时刻"。这部分应该占故事的50%。

最后"结束"。在这里，你让英雄脱离困境，结束这个故事。

比尔列出五个步骤，可以帮助你构建你的故事：

1. 问问题。不要问发生了什么事，有什么趣事可以分享之类的。你要问什么时候事情会出错。通过这个问题，你可以找到一个基本的主题，并开始构筑你的神话。

2. 平实地叙述你的故事，不要美化，你只是在传达你的听众为了获取更深层次理解而需要的信息。

3. 丰富你的故事。这是一个引爆点，让英雄的处境急转直下。例如："我摔倒在地上，心脏停止了跳动。""那时我才发现我的父母没有结婚。""律师告诉我，我们的专利还没有申请。"

4. 接下来，你需要升级冲突（用比尔的话说，"收集石头，扔向你的英雄"）。在这里，你不断地堆砌坏消息，让英雄似乎没有脱离困境的可能，更别说取得胜利了。

你可能没有意识到，这种套路你其实已经见过很多。重新看一遍达斯汀·霍夫曼（Dustin Hoffman）在《窈窕淑男》（Tootsie）中的角色，你会看到编剧如何随着剧情的发展不断增加这个角色的负担。汤姆·克鲁斯（Tom Cruise）在《乖仔也疯狂》（Risk Business）中饰演的角色、马修·布罗德里克（Matthew Broderick）在《春天不是读书天》（Ferris Bueller's Day Off）的角色，以及比尔·莫瑞（Bill Murray）在《土拨鼠之日》（Groundhog Day）中的角色，都经历了相同的情境。回到本书的第一章，你会看到我的签售会是如何变得越来越糟的（敏锐的读者会意识到，我也是根据比尔的模板构建了这个故事）。

这一部分的关键不仅仅是不断堆积麻烦，你还要将各种麻烦无缝衔接起来。如果你能够设定一块飞来的石头是另一块石头带来的，这最好不过了，因为这可以帮助你的听众加深记忆。

5. 最后，打包你的故事，扎个蝴蝶结，让你的听众们带回家——展示你的英雄学到了什么，如何改变了他，以及你的听众们如何从这段经历中受益。

这样做，你不仅有机会告诉你的潜在客户为什么他们应该和你做生意，而且你也给了他们一种方法，让他们能够向领导和周围的人解释你的产品或服务。一个具有娱乐性的故事，不仅能够吸引他们的注意，让他们更容易记住你的话，而且还能让他们兴高采烈地重复你的故事。

如果你听到你的故事在热情的听众口中一点点夸大，不要惊讶，这就是比尔说的"橡皮泥效应"（Silly Putty Effect）[1]。

还记得小时候玩的橡皮泥吗？你打开报纸，找到自己最喜欢的漫画角色，然后将橡皮泥覆盖在上面，用拳头拼命敲打，然后再小心翼翼地揭下来。报纸的油墨会粘在橡皮泥上。这样，你就有了一张印着卡通角

---

1. 译者注：Silly Putty是一种类似橡皮泥的儿童玩具，但是性状和我们熟知的传统橡皮泥有些不同。

色脸孔的橡皮泥饼。你可以扭曲、拉伸它，让上面的脸变得滑稽可笑。你不断拉伸，图像变得越来越有趣，直到你最终将它撕成两半。

你的故事就是这样。如果你的故事讲得很棒，那么你的听众就会重复你的故事，就好像使用橡皮泥复制了它一样。

他们会无意识地尝试拉伸、改变你的故事，他们想知道在故事破裂前能夸大到什么地步。

重要的不是他们夸大、美化了你的故事；重要的是他们把它变成了自己的故事。在复述中，他们不仅向别人介绍你的想法和你的品牌，而且还在帮助你宣传、推销。通过复述，你的听众创造了自己的背景，为你的故事添加了自己的个性，并让它成了自己世界观的一部分。

这就是由"故事讲述"神奇地转化为"故事销售"的过程。

将10分钟的演讲变为1亿美元的生意

还记得比尔·斯坦顿的建议吗？当事情一帆风顺时，不要只盯着风光的时刻，你要问："什么时候事情会出错？"通过这一点，可以让你的英雄、你的品牌，成为听众最想与之互动的那个。

让我们来看看杰米·克恩·利马（Jamie Kern Lima）和她的IT化妆品公司（IT Cosmetics）麻雀变凤凰的致富故事。

与其他企业家一样，利马把一切都投注到了她的宏伟事业上。她辞去了当地新闻主播的工作，在厨房餐台上开始了创业。虽然利马认为QVC[1]是推广自己"Bye Bye眼袋精华霜"的最佳渠道，但是她无法获得对方的注意。

最终，利马的毅力得到了回报。她在曼哈顿一次化妆品贸易展会上

---

1. 译者注：QVC（即Quality质量、Value价值、Convenience便利）。美国QVC公司成立于1986年，是全球最大的电视与网络的百货零售商。（以上内容来自百度百科）

展示自己的产品时，QVC高管们碰巧路过，并表示有兴趣与她展开合作。这就是利马和IT化妆品公司改变的开始。

QVC营销和项目高级副总裁道格·罗斯（Doug Rose）在接受《企业家杂志》（*Entrepreneur Magazine*）关于利马的采访时说："我们的客户之所以购物，与其说他们想买东西，倒不如说是他们热衷于了解新事物，认识有趣的人，倾听他们的故事。我们经常说，讲故事就是零售商的超能力。"

当然，利马的产品设计精良，包装精美，价格昂贵。毕竟，她是在整形外科医生的帮助下研发的这些产品。利马在电视台工作的经验也帮助她成功地向QVC和观众展示了她的产品和故事。当然，是利马自己的故事，是她的英雄之旅，最终加速了她的巨大成功。

正如《企业家杂志》所描述的，她"患有严重的红斑痤疮，三十多岁的时候失去了眉毛……她设计了一个演示视频，在这个演示中，她隔空擦掉了自己的眉毛，然后用IT的眉笔将眉毛画了回来"。

自首次在QVC上露面以来，利马在QVC网络上的出场次数已经超过700次，公司的年销售额已经飙升到1亿美元以上。

当然，利马的故事既引人入胜又令人感动，她讲述自己故事的能力让你很难离开。但是，她的故事在观众中引发的移情效果，对她的成功也有着不可忽视的巨大影响。

"这不仅仅是一个销售问题。"利马说，"通过卸掉我的妆容，展示我的红斑痤疮和缺失的眉毛，我希望女人们对自己的感觉更好，因为每个人都有自己的问题。"

当然，不是所有购买IT化妆品公司产品的女性都有着和利马相同的皮肤问题。她们的购买是因为利马的英雄之旅，她们将自己和自己的问题放入到了利马的背景中。通过建立一个"以客户为中心"的品牌，杰米·克恩·利马不仅建立了一个令人难以置信的商业帝国，还改善了客户们的外部和内心生活。

你也可以做到的。

All About Them

第四章

转变营销思路：
为客户营造特殊体验

律师费

一名男子打电话给律师,问:"只要回答三个简单的问题,你要收多少钱?"

"一千美元。"律师回答。

"一千美元!"那人叫道,"这太贵了,不是吗?"

"的确很贵。"律师回答道,"好了,你的第三个问题是什么?"

产品的功能不再是消费者的第一需求

信不信由你,鸡汤公司不卖汤,卖爱。鸡汤罐头只是他们用来换钱的东西。想象一下这则广告:金发碧眼的漂亮中年妈妈在老式厨房里忙碌。闭上你的眼睛,你就能看到这个场景:一个 20 世纪 50 年代的老式冰箱,深色的木橱柜,黄色的餐台,上面放着面包和花生酱。妈妈穿着合体的上衣和鲜艳的裙子,外套亮色的围裙。她的头发梳得整整齐齐,戴着一个蝴蝶结发卡,她的红嘴唇上挂着温柔的微笑。

每隔一段时间,妈妈就会抬起头来,一边做饭一边看外面。当她看到小约翰尼在雪地里快乐地玩耍时,她开心地笑了。

不久,她听到敲门声,转身看见小约翰尼擦着窗玻璃上的霜,往屋里窥视。她打开门,掸了掸小约翰尼帽子上的雪,而小约翰尼不停地用手套擦着自己的鼻涕。妈妈在他的额头上亲了一下,然后把他领到厨房,脱下他的帽子,将他的头发整理好,让他在餐台边坐好,然后给他端来一碗热气腾腾的鸡汤。

嗯……这是个可爱的好妈妈,不是吗?

错,她只是个懒妈妈。她所做的,就是打开一罐谁知道添加了什么化学物质的鸡汤,把它放在微波炉里加热,然后放在桌子上。

但是,这样的信息肯定不会帮助鸡汤罐头大卖。所以,小约翰尼幸福地喝了一口热汤,他的妈妈笑得也很幸福。此时,动人的音乐提醒我们,这就是爱的全部。爱肯定比一罐 50 美分的鸡汤值钱,不是吗?

所以说,鸡汤公司不卖汤,而是贩卖爱。鸡汤罐头只是他们用来换钱的东西。

一个多世纪前,摄影的实现得益于一个简单的化学反应:暴露在光线下的硝酸银和某些其他化学物质会变得更暗。所以，相纸中的银含量越高，显影质量就越好。这就是艺术博物馆里的摄影作品被称为银版画的原因。

柯达（Kodak）宣传其胶卷和相纸的硝酸银浓度为行业最高，这在功能上是有意义的。但人们购买柯达的产品并不是因为他们的银含量。他们购买柯达的相机、胶卷和其他摄影用品，是为了保存与他们所爱之人的记忆。

你会为哪个付钱？一堆你不懂的有毒化学物质，还是你可爱孩子们的照片？当然是后者。人们对孩子的爱是如此强大，以至于柯达的营销口号"柯达时刻"（Kodak moment）成了生活中的通用短语，用来描述需要为儿孙留下影像记录的私人时刻。

当然，随着数码摄影的出现，传统摄影器材公司——比如柯达——像渡渡鸟一样消失了。但它们的消失只是强调了一点，即人们最关心的是产品（或服务）如何使他们的生活更好，而不是这些产品工作的原理。他们不在乎图像是如何创建、存储和共享的；他们只关心图像的创建、存储和共享。他们希望科技能够让产品最终目的——也就是记忆的记录和分享——尽可能的容易。正如我们前面所说，产品的功能已经成为入门成本。

为什么会这样？因为常识告诉我们，产品的运作方式对购买者和使用者来说是最重要的。而且，技术进步又在不断改变着产品的运作方式。

还记得我们之前提到的打字机吗？不管打字机构造多么复杂，我们都能很轻易地弄清它的工作原理：你的手指按下了按键，按键带动杠杆，杠杆敲打墨带，墨带在纸上留下印记。

对于机械设备，我们很容易就能看出它的工作原理，即使我们无法建造或者修复它。机械的工作过程简单、清晰、易于理解。

但现代科技改变了这一点。

今天的消费者几乎拥有科幻电影中的一切新奇设备。《星际迷航》（*Star Trek*）的通信器？今天它被称为智能手机。《至尊神探》（*Dick

Tracy）里的双向手腕收音机？苹果、三星（Sumsung）、摩托罗拉（Motorola）、卡西欧（Casio）、LG等公司都有自己的版本。《摩登家族》(*The Jetsons*) 里的速食机？现实版本叫作微波炉。生物技术实验室甚至在培养皿里克隆可替换的膀胱、气管和耳朵。据我所知，我们还在等待的科幻设备就只有时光机和个人喷气式飞机了。

  当然，每隔一年的七月四日（美国独立日）或其他节日，美国空军就会拿出一套老式喷气飞行背包，飞过某个橄榄球场的上空，但它的价格接近百万美元，而且飞行离地只有大约 50 英尺（约 15 米）。最近我还看到了一种在水里使用的喷水飞行背包，有一根大管子把湖水吸起，再从背包底部喷出，将佩戴者推向几英尺高的空中。但是这套装置需要在大湖或者海湾里使用，而且你会全身湿透，不像詹姆斯·邦德（James Bond）在《霹雳弹》(*Thunderball*) 里表现得那样优雅。

  想想喷气飞行背包能为我们做些什么。不管你住在哪里，我打赌你肯定在过去一周中抱怨过交通。但是如果你有一个喷气飞行背包，你就不会对交通有任何怨言了。停车问题？不存在的。一个喷气飞行背包比你的大型凯迪拉克 EScalade ESV（或者你的紧凑型丰田普锐斯）占用的空间要少得多，你可以把它藏在任何地方。

  油耗？虽然我不认为喷气飞行背包使用混合动力或太阳能，但我相信我们可以找出更好的能源利用方式。而且，当我们背上喷气飞行背包，就意味着我们不会因为交通拥堵和红灯而浪费汽油。

  别担心，我知道我的要求并不完全贴合实际。我知道喷气飞行背包在下雨时不能工作，我知道它无法让我和孩子们一起旅行，或者帮助我搬运物品。但是在其他的时间里，我认为喷气飞行背包适合我们每个人。

  那么，谁能为我们创造出喷气飞行背包呢？昨天我要查找拜占庭果蝇的生长周期，谷歌（Google）在不到 0.002 秒的时间里为我找到了答案。如果拉里（Larry）和谢尔盖（Serger）[1] 能找到实现这一理想的方法，我相信他们有足够的智慧和资源来制作我

---

1. 译者注：二人均为谷歌创始人。

的喷气飞行背包。今天，我把车停在一辆漂亮的特斯拉旁边，它的发明者埃隆·马斯克（Elon Musk）还创造了贝宝（PayPal）和 SpaceX。当然，像马斯克这样的人，在为小罗伯特·唐尼（Robert Downey Jr.）在《钢铁侠》（*Iron Man*）中扮演的角色做模特的同时，也能造出我的喷气飞行背包，你不觉得吗？

当然，我也想打造自己品牌的喷气飞行背包。但事实是，我不在乎是谁让它成为现实。在一个理想的世界里，我希望苹果可以参与进来，这样可以让背包很酷；我也希望保时捷参与进来，可以让背包更快；沃尔沃（Volvo）可以让它更安全；塔可钟（Taco Bell）可以让它更便宜；如果星巴克（Starbucks）可以修理飞行背包，那样每个街角都会有个服务站；而斯沃琪（Swatch）可以保证人手一包；万豪（Marriott）可以保证全世界的喷气飞行背包都以同样的方式工作。我并不在乎我的喷气飞行背包上印着哪家的标志，只要它能可靠地工作，而且我能负担得起，我就会为制造出它的公司支付更多的费用——尤其是普及之后，人手一个的时候。我想要的不仅仅是喷气飞行背包；我想要的是特殊的喷气飞行背包。

我的想法是不是有些超前？在现今这个计算机和互联网时代，似乎任何可以想象的东西都可以被创造出来。除了我刚刚提到的，我们的生活充满了现代奇迹：从微型闪存到隐形眼镜再到保鲜膜，它们就像梅尔·布鲁克斯（Mel Brooks）在《2000 岁老人》（*2000-Year-Old Man*）中说："人类有史以来最伟大的发明。"

你看过 YouTube 上那些穿着飞鼠服飞跃山岭的视频吗？他们仅靠四肢间的几块布与无比的勇气就翱翔在天空。我想我们可以签下几名这样的疯子作为喷气飞行背包的试飞员。毕竟他们敢穿着紧身衣跳下山崖，当然不会害怕尝试新式飞行背包了。

如果你也想要一个喷气飞行背包，那我们可以开始一场运动。如果我们展示它有巨大的市场需求，一些具有前瞻性的工程师就会开始着手制造。你所要做的就是修改阿洛·格思里（Arlo Guthrie）《艾丽斯的餐厅》（*Alice's Restaurant*）的歌词。首先将标题改为"喷气飞行背包"，歌词变成："你能想象一天有 50 个人吗？我是说每天有 50 个人走进来，买了一个喷气飞行背包就离开。朋友们可能认为这是一场运动，这就是，这就是喷气飞行背包运动，你要做的就是加入我们。"

富兰克林·B．亚当斯（Franklin B. Adams）想要"好的五分镍币"，休伊·刘易斯（Huey Lewis）想要"新的药物"，《奇幻森林》（*The Jungle Book*）里的猩猩王路易（King Louie）想要"像你一样"。我只想要个私人喷气飞行背包。这要求很高吗？

当然，我对喷气飞行背包的咆哮是一种讽刺，但我的观点很明确：为什么像喷气飞行背包这样的设备要比其他一些技术奇迹更难制造呢？一个喷气飞行背包会比 3D 虚拟现实眼镜更难制造吗？比智能手机应用可以识别任何歌曲还要难？比 3D 打印还要难？因为我不明白它们的工作原理，所以我看不出一个设备比另一个设备更难制造的原因。正如英国作家阿瑟·C．克拉克（Arthur C. Clarke）的第三定律所说："任何足够先进的科技都与魔法／魔术无法区分。"

魔术的问题在于，我们都想了解它的工作原理，但一旦我们站在幕后偷窥过一番，就会失去兴趣，不再着迷。纸牌把戏就是这样。我们对事物有一种天然的理解与控制的需求，这种需求迫使我们想要弄清事物的运行原理。在科学技术飞速发展的今天，我们对周围事物理解的缺乏会阻碍科技的发展。

请注意不要犯这样的错误：知道某个设备如何操作运行，不意味着知道这个设备的运行原理。这二者是不同的。当然，你知道如何使用你的笔记本电脑和智能手机，但你可能并不知道在它们光滑的外壳下究竟发生了什么。或许你的确知道计算机是如何工作的，并且可以描述所有数据如何被简化成 0 和 1，但这不意味着你真正理解搜索引擎如何在不到十分之一秒的时间里找到你查询问题的答案。

随着时间的推移和经常性使用，我们对那些本不理解的东西的接受度也在逐渐增加。即使我们并不真正理解如何实现与身处地球另一半的人实时通话，但我们使用电话的时间已经足够长，长到我们认为这是理所当然的事情。尽管我们可能会惊讶于身处澳大利亚的表哥听起来就像在隔壁，但我们的惊讶很快就会让位于科技带来的人际交流。

但是，我们不太容易理解当前技术的进步会将我们带到哪里。因此，美国国家专利局主管查尔斯·H. 杜内尔（Charles H. Duell）暗示政府应关闭专利局，因为"一切可以发明的东西都已经发明了"。这句话要追溯到1899年，早在现代飞机、原子弹、电影院、太空旅行、电脑、互联网等事物出现之前。远见卓识的阿瑟·C. 克拉克在他的第一定律中也涉及了这一现象："当一位杰出的年长的科学家宣称某件事可能时，几乎可以肯定他是对的；当他说不可能时，他很可能是错的。"

说了这么多，我的意思到底是什么？很简单，所有上述内容都在强化一个论点，即产品（或服务）的功能不再是其与消费者互利关系中的最重要部分。这种违反直觉的想法在命名产品时同样重要。

"以客户为中心"命名产品

你还记得自己第一次吃寿司的情形吗？我不是指日本菜已经被普遍接受的今天；我是说，当寿司在美国还是一个奇怪存在，你又有些胆小的时候。

"什么？！吃未烹饪的生鱼片？让我吃？你疯了吗？"

如果你的经历和我的一样，那第一次的味道可是相当奇怪，有些黏糊糊，当然也有鱼腥味。就连几秒钟后差点让我鼻子喷出火来的芥末也不能改变口中的古怪感觉。

接下来的几口，以及接下来的几次日本菜之行，我都是试探性的品尝。但过了一段时间，我开始爱上了寿司。

你开始吃寿司的契机很可能是因为它很酷，很有异国情调。如果在吃之前对食物进行清晰、明确的描述，你还会继续吃的概率有多大呢？

盘子里的是：生的死鱼肉。

我呸。

说到鱼，巴塔哥尼亚牙鱼（Patagonian tooth fish）一直被认为是一种卖不出去的鱼，直到一些营销专家将其重新命名为智利海鲈鱼。

与解释性的名字相比，这种违反直觉的、非描述性的名字更有可能成为强大的品牌。举例来说，皮埃尔·奥米迪亚（Pierre Omidyar）的超级购物网站ebay（易趣），在1997年之前的名字是AuctionWeb（拍卖网）。这个名字的解说性更强，但是远没有叫ebay的时候成功。

名字里到底有什么？

你知道谷歌的原名是网络爬虫（BackRub）吗？你知道耐克（Nike）的原名是蓝丝带运动公司（Blue Ribbon Sports）吗？当然你还记得AOL是美国在线（America Online）的缩写，但你知道吗，最开始它被叫作量子计算机服务（Quantum Computer Services）。

一些名字的改变是由于公司层面的原因，比如从达特森（Datsun）变成了日产（Nissan），这样的改变影响不大，除了要花费数百万美元重建品牌之外。其他名称的改变，如从联邦快递（Federal Express）变成了FedEx，这在一个只有140字推文和更短注意力的环境中无疑更有感觉。有些名字的含义是事后反向解释的，有时则是假的——比如，雅虎（Yahoo！）这个名字被认为是"另一种非官方层次化数据库"（Yet Another Hierarchical Officious Oracle）的缩写，另一种说法是其源于创始人大卫·费罗（David Filo）和杨致远（Jerry Yang）对乔纳森·斯威夫特（Jonathan Swift）的《格列佛游记》中野蛮怪物雅虎的欣赏。

一些名字的变化反映了时代的变化，想想艾兹饮食糖果（Ayds Diet Candies）[1]或伊西斯巧克力（Isis Chocolates）[2]。安达信咨询公司（Andersen Consulting）花费了大约1亿美元将名字改为埃森哲（Accenture），以避免其姊妹公司亚瑟·安德森（Arthur Anderson）不端行为带来的负面

---

1. 译者注：与艾滋病（AIDS）发音相同。
2. 译者注：与极端恐怖组织ISIS名字相同。

影响。肯德基（Kentucky Fried Chicken）希望将"油炸"（Fried）这个词从名字中去掉，于是推出了 KFC 的缩写。

在一架 DC-9 民航飞机坠毁在佛罗里达国家公园大沼泽地，残骸几乎都没有留下之后，ValueJet 将名字改为了穿越航空公司（AirTran）。这个不幸的例子让我不禁想到，马来西亚航空（Malaysia Airlines）何时会宣布改名，以摆脱 2014 年失去两架飞机的恐怖阴影。

为了满足消费者对健康的需求，谷物食品公司也都改名。糖的味道（Sugar Smacks）变成甜蜜味道（Honey Smacks），随后干脆直接变成了味道（Smacks），最后又改回了甜蜜味道（Honey Smacks）（可能是有人指出，smack 是海洛因的俚语说法）。糖脆（Sugar Crisp）变成了黄金脆（Golden Crisp），早餐糖片（Sugar Pops）变成早餐玉米片（Corn Pops），糖霜片（Sugar Frosted Flakes）干脆变成了霜片（Frosted Flakes）。当然，这些谷物食品的实际含糖量只是略有下降，但"糖"这个词却被删得一干二净。

在互联网时代，名字和产品之间的互动关系就像鸡与蛋，一半是科学一半是艺术。但如果你想忽略取名这一艰难工作时，请思考一下：如果寿司被简单地称为"生的死鱼肉"，那么你还会去吃金枪鱼、三文鱼、吞拿鱼这些寿司料理吗？

曾经有家店叫"严格网球"（Strictly Tennis），谁都知道这家店卖的是什么。后来很多孩子都跑去踢足球，这家店也开始售卖足球鞋和球衣，店名也改为了"严格网球和足球"（Strictly Tennis and Soccer）。此后慢跑又风靡一时，于是这家商店又改名了，这次是"严格网球、足球和跑步"（Strictly Tennis, Soccer and Running）。最终，店名变成了"严格网球及其他"（Strictly Tennis and More）。

现在的人们开始玩极限飞盘、CrossFit[1] 和尊巴（Zumba）[2]，那么店

1.译者注：CrossFit 健身训练体系起源于美国，由 Greg Glassman 教练于 2000 年创立，发展至今已是一套十分成熟的健身体系。（以上内容来自百度百科）

2.译者注：Zumba（尊巴）是一种健康时尚的健身课程，它将音乐与动感易学的动作还有间歇有氧运动融合在了一起。（以上内容来自百度百科）

名应该叫什么呢？"严格网球及其他"这个名字是否能够完全覆盖？还是说，店主应该彻底改个不一样的名字？

在20世纪60年代末，艾尔·库珀(Al Kooper)、鲍比·科伦比(Bobby Colomby)和一群爵士乐手聚集在一起，创造了"血、汗和泪"(Blood, Sweat & Tears)——那个时代最具代表性的五大摇滚乐队之一。这个乐队非常成功，其同名的第二张专辑不仅在公告牌排行榜(Billboard)上名列前茅，还为世界带来了三大热门歌曲：《你让我如此快乐》(*You've Made Me So Very Happy*)、《旋转车轮》(*Spinning Wheel*)和《当我死去》(*And When I Die*)，而且还击败了披头士乐队的《艾比路》，获得了年度格莱美专辑。

但是，我们不禁怀疑，如果当初乐队的名字更有描述性，如"混合体液"(Assorted Bodily Fluids)[1]，他们是否还能获得如此高的成就。

玛丽莲·梦露(Marilyn Monroe)原名是诺玛·珍妮·莫滕森(Norma Jeane Mortenson)；托尼·柯蒂斯(Tony Curtis)原来叫伯纳德·施瓦茨(Bernard Schwartz)；洛克·哈德森(Rock Hudson)原名是小罗伊·哈罗德(Roy Harold Scherer Jr.)；马丁·辛原名是拉蒙·安东尼奥·格雷多·埃蒂托维斯(Ramón Antonio Gerardo Estévez)；娜塔莉·波特曼的姓原来是赫什拉(Hershlag)。

拉尔夫·劳伦(Ralph Lauren)，你知道他是美国时尚界的超级明星。这位将美国学院风和英国贵族风结合起来，创造了70亿美元财富的设计师，原名叫拉尔夫·里夫希茨(Ralph Lifshitz)。你想想看，国际工业巨头的首脑们穿着Lifshitz (Life shits，生活一团糟)的海军蓝西服出席达沃斯世界经济论坛的概率有多大？什么样的女演员会穿着Lifshitz的高级时装登上奥斯卡(Oscar)的领奖台？

这让我想起了一个老笑话："嘿，拉尔夫，如果你是Lipshitz，那你的屁股会说话吗？"[2]

---

1. 译者注：指血、汗和泪。

2. 译者注：粗俗的笑话。这里取Lifshiz的谐音Lipshitz。lip是嘴唇的意思，shit有排便的意思，所以后面对应的说"屁股会不会说话"。

显然，一个名字对于商业成功至关重要。不幸的是，这里没有任何规律可循。《纽约时报》（New York Times）最近发表了一篇关于公司名称、命名与命名者文章，题为《命名新产品的古怪科学》（The Weird Science of Naming New Products），作者尼尔·加布勒（Neal Gabler）指出："没有任何命名标准，也没有任何方法可以判断一个新名字会产生积极影响还是消极影响。"

有时，成功的名字是有教育意义的，它们会告诉潜在客户其产品内容与公司定位，比如印象笔记（Evernote）、探索频道（Discovery Channel）、国际商业机器（International Business Machines）或现代艺术博物馆（Museum of Modern Art）。但是，正如我们前面所说，当一家公司使用描述性名称作为企业标识时，如严格网球（Strictly Tennis）、汉堡王（Burger King）或国际商业机器（International Business Machines），其功能可能会阻碍未来的发展。

有时，成功的名字来自公司创始人：比如惠普（Hewlett-Packard）、保时捷（Porsche）或法拉利（Ferrari）。但这要求创始人的名字不受丑闻影响。世界通信公司（WorldCom）和安然公司（Enron）并没有使用创始人的名字，伯纳德·L.麦道夫投资证券有限公司（Bernard. L Madoff Investment Securities LLC）用了创始人的名字，但他们三者的毁灭性结果并无不同。本书撰写时，唐纳德·特朗普（Donald Trump）竞选团队暴露出的问题[1]仍在调查中，这对他的同名商业帝国会造成怎样的影响，还没有定论。

有时，一个名字开始很好，但社会事件会改变它的含义。这种不幸的事情发生在了艾兹饮食糖果（Ayds Diet Candies）、伊西斯巧克力（Isis Chocolates）和炭疽乐队（Anthrax）身上。

有时，成功的名字是幻想型的：谷歌、星巴克（Starbucks）、推特（Twitter）、思科（Cisco）等。其问题是，这些品牌需要大量时间和金钱才能让消费者识别、理解和接受一个从来没有听说过的名字。

---

1 译者注：作者这里应指"通俄门"。

不过，不要认为名字就能决定一切，看看斯马克（Smucker）[1]公司的成功。这家食品业巨头的名字令人厌恶，但它在食品销售上赚了数亿美元，它的口号是："有一个斯马克这样的名字，它（食品）必须是好的。"

尽管如此，斯马克公司没有用"混合体液"这个名字，真是太好了。

或者 ISIS。

或者 Lifshitz。

我们销售的与他们购买的

如果说，技术的进步使产品功能过剩，描述性品牌名称会为成功制造更多的障碍，那么今天的消费者购买的是什么呢？

如果你想让你的公司立于不败之地，那这是最基础的必答问题。而它的答案往往和非描述性名称一样违反直觉。我们发现，人们用金钱交换的东西与他们实际购买的东西是不同的。

去一趟星巴克，你会看到这样的情况：人们坐在店内或店外（取决于商店的位置和天气）看报纸、看手机、在笔记本电脑上打字、与商业伙伴会面或与朋友们闲聊。店里通常有一队人在等着点卡布奇诺或焦糖玛奇朵。星巴克正在用咖啡换钱，但顾客们买的东西却不仅仅是咖啡。

多年来，许多美国人的生活围绕着三个地方：家、工作场所和"第三地"（third place）。第三地通常位于宗教机构，如教堂；或者是类似麋鹿俱乐部（Elk's Club）、梅森小屋（Mason's Lodge）或外国战争退伍军人大厅（Veterans of Foreign Wars Hall）这类的组织。有时第三地是校友会，如哈佛俱乐部（Harvard Club）或宾大俱乐部（Penn Club），或像世纪俱乐部这样的社会俱乐部（Century Club）。有时，第三地是运动场所，如保龄球馆、网球场、高尔夫场或乡村俱乐部。

---

[1] 译者注：Smucker 与英语脏话 fucker 谐音。

但是，美国人越来越喜欢待在家里。人们喜欢在客厅的大屏幕上观看球赛或者演唱会，而不是去现场观看；住宅游泳池数量激增；教堂和俱乐部的维持费用不断增长，随着这些现象的不断加剧，越来越少的美国人认为自己归属于宗教或其他组织。这意味着传统的"第三地"已经不再那么受欢迎。

但是，人们去传统"第三地"的频次降低，并不意味着他们不需要这么一个地方。随着自由职业经济的到来，越来越多的人不再呆坐在办公室里，任何可以插入笔记本电源、有良好 Wi-Fi 信号的场所，都可以是工作地点。而且这种需求越发明显。

这就是星巴克对自己的定位。帕诺斯·莫杜库塔斯（Panos Mourdoukoutas）在《福布斯》（Forbes）解释说："多年来，星巴克一直把自己定位为'第三地'，这是一种'负担得起的奢侈品'，人们可以在这里与朋友和同事分享咖啡，远离工作和家庭的烦恼。"星巴克的网站上是这么说的：

从一开始，星巴克就是一家与众不同的公司。这不仅仅是因为优质的咖啡及其深厚的传统，还有它带来的联系感……

人们来星巴克聊天、会谈，甚至工作，这很常见。我们是一个邻里聚会的地方，是日常生活的一部分——我们对此感到无比高兴。

星巴克在被称为《绿围裙之书》（Green Apron Book）的客户服务概览中清楚地解释了它的价值策略。它列出了公司成功的特点。星巴克的"生存方式"是"亲切、真诚、博学、体贴和参与"。你可能已经注意到，星巴克并没有列出任何关于出售咖啡或提高顾客平均消费金额的内容。相反，它展示了一个好的交流社区或第三地的成功要素。究其原因，星巴克的货币虽然是咖啡（及其相关工具、零食和非咖啡饮料）但它的顾客购买的是社区体验。

回想一下你上次在奥兰多或拉斯维加斯的大型会议酒店参会的情

景。如果你经过大堂，你会发现很多人都在酒店内的星巴克店铺前排队。回到会议室，你会看见一堆人手捧星巴克纸杯到处乱跑。这一切原本都说得通，直到你看到了酒店为与会者提供的免费咖啡，咖啡壶前的牌子写着"我们自豪地为您供应星巴克咖啡"。

如果会议室里有免费的星巴克咖啡，为什么人们还会排队购买？当然，有些人有特殊喜好，想要一杯白咖啡或无咖啡因拿铁，但更多人是在购买酒店提供的免费咖啡。显然，习惯，以及在星巴克精神抖擞地开始一天生活的体验，都是吸引这些消费者的原因。

医生出售检查和诊断，但病人购买的是心灵的平静。

银行和金融机构出售安全保障和获得资本的渠道，但储户和借款者购买心灵的安宁和对光明未来的承诺。

豪华手表制造商出售先进的手表，但客户购买的是地位。

虽然适当的功能是产品和服务的入门成本，但它不再是触发客户购买欲望的动力。

售卖良好的体验感，而不是产品

当你第一次走进佛罗里达朱庇特的店铺"年轻人"（Junior's），你可能会有些惊讶。店铺的墙壁上满是涂鸦，红黑皮革与工业金刚石组合而成的家具。老板穿了一件哈雷戴维森的技工衬衫，毫无疑问，这件衬衫是用来衬托他手臂上的文身的。

店员身上都有着厚厚的文身，他们的制服也很不一样：牛仔裤或宽松短裤、黑色T恤、棒球帽和沉沉的金属链。他们中的大多数——鲁本、杰罗、特里克斯、齐和约翰尼——手里抓着锋利的剃须刀忙碌着。

但是等待他们服务的人，并不是常见的夜店爱好者。这些顾客是年轻的男孩，生意人，以及来自郊区的富裕父母。

之所以会这样，是因为"年轻人"并不是什么帮派聚集地，它是个发廊。

不不，我说的是真的。

沿着佛罗里达海岸前行，在迈阿密海滩的顶端，你会看到"乔的石蟹餐厅"（Joe's Stone Crab Restaurant）。它售卖的东西和"年轻人"一样。当然，它并不会给你理发，它售卖的是一种感觉，一种身处特殊地方的感觉。

在旅游旺季的周六晚上，顾客们在"乔的石蟹餐厅"门前排起了长队。他们耐心地站着，尽管他们知道等位时间很可能会超过三个小时。而且，"乔的石蟹餐厅"不接受预订。这意味就餐者的最佳选择是换一家，毕竟这个地区并不缺少时髦的餐厅。但顾客依旧络绎不绝，就是因为这长长的队伍。

"乔的石蟹餐厅"和"年轻人"都是为了"以客户为中心"经济做出贡献的企业，在它们这里，"你做什么"已经不再重要，重要的是"你怎么做"或"你是谁"。

如果你只想剪头发，低至8美元的理发馆，高至150美元的美发沙龙，都可以满足你的需求。但如果你想要不一样的体验，想要更酷，那么你就要去"年轻人"了。

让我们看看"年轻人"的网站上是如何描述自己品牌的："'年轻人'理发店，文身为其灵感，摇滚为其基调。'年轻人'理发店提供全套服务，从儿童到成人，从热毛巾到剃须刀，我们还为优雅人士提供定制设计。"

就像星巴克的《绿围裙之书》中没有提到咖啡或星冰乐一样，"年轻人"也没有提到理发师效果有多好，或者价格多么经济实惠。因为这些事都不重要。"年轻人"不是在出售理发服务，而是在推销一种体验。

"乔的石蟹餐厅"的烤鱼是迈阿密最好的，而他家的炸鸡是世界上最好的。但是，乔家的网站并没有吹嘘自己的食物，就像"年轻人"没有吹嘘自己的发型设计一样。"年轻人"的发型设计和乔家的食物就是货币：这是餐厅用以换钱的东西，但不是顾客购买的东西。想要证据吗？登录餐厅网站，你会发现最受欢迎菜肴的菜谱，包括恺撒沙拉、姜汁三文鱼和著名的酸橙派，全都在那里，供全世界（包括其竞争对手）

使用。如果你只想要食物，你大可自己做。但这不是乔卖的。

你做不出的是乔餐厅的气氛、它的感觉。就像餐厅网站上说的那样："对食物、家人和朋友的热爱，吸引了我们的顾客，并让他们络绎不绝。"

还有长长的队伍告诉你，这家店很特别。

为消费者营造特殊体验

这一切跟你的生意有什么关系？重要的是，你要让人们感觉特殊，就像在星巴克、"年轻人"和"乔的石蟹餐厅"一样。更重要的是：人们买的不是你卖的东西，而是"你是谁"以及"你带给他们怎样的感受"。一旦你为顾客提供了"以客户为中心"的体验，你就会发现一大堆顾客饥渴地等着你的产品。

如果忽略这种违反直觉的定位，你会发现自己和其他营销人员一样，陷入沮丧的困境。经过大量的尝试与失败，他们开始明白消费者并不是在购买产品的功能。同时，虽然他们知道要了解客户们真正想要的是什么，但他们也知道（正如我们在上一章从亨利·福特和史蒂夫·乔布斯那里学到的），直接询问客户无法得到答案。

那么这个答案要从何而来呢？

让我们再说一次，它来自一个不太可能的地方：内心深处。

All About Them

第五章

树立品牌意识:
触发客户的激情

纸牌游戏

一群人坐在一起打牌。

第一个人叹息:"唉。"

第二个人叹息:"唉。"

第三个人看看他的朋友:"唉。"他的叹息声更大。

第四个人说:"喂,我们是要继续打牌呢,还是你们要继续表演?"

自我推销

还记得以前班级里那个"嗨，看着我"小子吗？我们都和他一起长大，我们都恨他。别人做什么他就要做什么，而且必须做得更好、更大声，让班内每个人都看到他的工作。

他会站在跳水台上大声呼喊，让大家都注意他。他会在棒球场上夸张地挥舞手臂，高喊："好的，我知道了！"虽然并没有人理他。他是班级里声音最大的那个人，每次拿到得 A 的考卷都会大喊"Yes！"不管他走到哪里，他都必须是众人关注的焦点。

如今，他在脸书上展示自己的跑步记录，在 Instagram 上发布用餐照片，在推特上发布夸耀自己成功的推文。他开着最大的车，住在最大的房子里，不管他是否买得起。

因为我们不喜欢"嗨，看着我"小子，再加上我们天生不想谈论自己，很多人都不愿意进行自我推销。他们不认为自我推销是获得成功的工具，而是一种炫耀。但是，通过"以客户为中心"促进市场营销、公共关系和社交媒体热议，人们可以让自己的生意更上一层楼。"以客户为中心"的悖论是，通过关注他人，企业家可以提升自己的品牌。本章的重点，是通过几个简单的步骤，将"以客户为中心"的理念融入你的生活和生意中。

名字游戏

几百年前，人们很容易就知道他人以什么为生。舒梅克先生做鞋、古德史密斯敲打贵金属、泰勒缝衣服、法默耕种、贝克烘焙面包。[1]

但今天没那么简单，对吧？你听说过放射科医师先生（Dr. Radiologist）、对冲基金经理先生（Mr. Hedge Fund Manager）、账户经理女士（Ms. Account Executive）吗？

杰克逊（Jackson）的父亲一定要修公寓吗？韦伯曼（Webman）女士必须做互联网工作吗？

当然不是。今天，我们可以自由选择自己的职业，不管我们出生时的名字是什么。

那么，为什么我们可以选择自己要做什么，却依旧使用几个世纪前的习惯向别人描述自己呢？为什么我们初次见面时总要询问彼此的职业呢？是的，我知道你有个朋友认识叫佩恩（Payne，疼痛谐音）的牙医，或者一个叫劳利斯（Lawless，无法无天之意）的律师。但我的观点依然站得住脚。

想象一下这个场景：你在聚会上遇到了一位新人。你自我介绍一下，接下来你会说："你是做什么的？"

如果我们仍然使用旧的命名系统，以我们的工作命名，那么这个问题就是多余的。因为亨斯迈（Huntsman，猎人）、麦思哲（Messenger，信使）和库克（Cook，厨师）这样的姓氏就能告诉我们的新朋友：我们是做什么的。

但更大的问题是，为什么我们的职业如此重要，以至于我们上来就要询问"你是做什么的？"问"你是谁"、"你对什么充满激情"或"对你来说什么重要"，难道不是更有趣、更有启发性吗？

如果我们知道新的朋友是一位热心的临终关怀志愿者，收集了十八世纪的牧羊油，或者刚刚从珀斯移民，而不是他是律师或会计师，这样不好吗？了解对方的政治倾向、宗教信仰或音乐品味，不是比职业更能深入了解这个人吗？

---

1. 译者注：本句内的名字分别为Shoemaker（鞋匠）、Goldsmith（铁匠）、Tailor（裁缝）、Farmer（农民）、Baker（烘焙师）。均是名字就表示了职业。

在过去的几章中我们一直在说，产品或服务的功能只是入门成本。就像扑克赌局的赌资，产品功能是一个关键的因素，可以让我们在牌桌前坐下来，但它并不能保证最后的胜利，一局都不可能。相反，产品或服务如何使消费者的生活更好——或使消费者对生活的感知更好——决定你是否成功。

到目前为止，我们一直在谈论互联网时代的新环境如何改变我们向世界展示公司和产品的方式。正如我们所看到的，计算机化、全球化、整合和超高速通信共同改变着我们相互联系的方式，并在购买和使用产品／服务这个问题上替我们做出了决定。

但是，除了产品、服务和公司之外，新环境也影响到我们如何与他人相处的思考方式。

就像没有人会在地板脏兮兮或食物不新鲜的餐馆吃饭一样，如果我们不擅长工作，就没有人会雇用我们。但是，我们擅长工作却并不意味着任何人都会雇用我们。为什么？

因为人们选择的不是"我们做什么"，而是"我们是谁"。

加强产品功能

餐厅有两个主要责任区：前厅与后厨。

前厅包括你看到的所有东西：大厅、餐厅、酒吧、领班和服务员。

后厨大部分都是你看不到的东西：厨房、清洗区、行政办公室、冷藏室、酒柜、垃圾处理区等等。

这两个区域对餐厅的成功都至关重要，经营得最好的餐厅，它的前厅与后厨一定合作无间。

其实，许多餐厅都存在着长期的地盘争夺战，对此你可能并不惊讶。前厅主管和后厨主厨一直就谁更重要争论不休。

前厅人会说，餐厅的火爆来源于环境氛围、服务的专注、吊灯的光线等等。在他们看来，这些才是吸引顾客的原因。当然，后厨的人会反驳说，优质新鲜的食材、精选的上好葡萄酒，以及他们经手的所有工作，这才是顾客盈门的原因。

如果这家餐厅的规模足够大，有一个商业办公室、一个营销部门及一家外部公关公司（也属于后厨区），这些部门都会争辩说，他们推出的促销活动、他们创造的良好形象以及他们进行的质量管理工作，才是帮助餐厅脱颖而出的功臣。

但是，当餐厅打烊后，前厅主管和后厨主厨在酒吧里悠闲地喝着咖啡，就谁更重要不停争论时，他们总是忘记一个重要因素。

洗碗机。

你看，无论餐厅多么可爱，食物多么美味，如果晚餐用的盘子是脏的，哪怕是老顾客也会很快离开，再也不会回来。

想象一下，你数年如一日地光顾同一家餐厅，与爱侣共进浪漫晚餐，庆祝家人的生日，款待亲朋好友。突然有一天，你的盘子上覆盖着一层褐色污垢，或者你的叉子上缠着一根不知道谁的头发……你再也不会去了。

但奇怪的是：虽然你会因为脏盘子（或其他卫生问题）拒绝一家餐厅，但你从不会因为一家餐厅很干净而向朋友推荐："你会喜欢这个地方的！它有城里最干净的盘子！"你绝不会这么说。

干净的盘子，就像产品的功能一样，是餐馆开门做生意的基础要求，但并不是顾客上门的原因。即使吹嘘干净的盘子也不会吸引任何顾客。往好了说，人们会忽略这一信息；往不好说，人们会质疑为什么这家餐厅一开始就吹嘘干净的盘子。

那么，如果加强产品的功能并不能给你带来客户，那么什么会呢？

定位你的品牌

丹尼尔·平克（Daniel Pink）在2006年出版的《全新思维》（A

Whole New Mind）一书中解释说，确保商业成功的方法是创造一个没有人能模仿的、引人注目的产品。麦当娜·路易丝·西科尼（Madonna Louise Ciccone）就是最佳案例。根据平克的说法，麦当娜创造了一个完美的商业模式。人们不只是买麦当娜做的事——写歌、唱歌、跳舞——他们还购买"她是谁"：麦当娜。

正如我们的世界处于不断变化的状态中，品牌理论与实践也是如此。例如，平克清楚地意识到品牌需要开发一个不可再生的产品形象，并写下了《全新思维》一书。一年后，斯蒂芬妮·乔安妮·安吉丽娜·杰尔马诺塔（Stefani Joanne Angelina Germanotta）研究麦当娜的行为并创造了Lady Gaga。虽然她没有复制麦当娜的角色本身，但她成功地将一个旧角色卖给了一个全新的流行音乐粉丝市场。

前几天，我在推特上看到一条推文："天哪！我刚看到麦当娜坐地铁。"几分钟后，有人转发了这条评论，并评论道："这意味着Lady Gaga将在明天乘坐地铁，只是没麦当娜那么好。"

我们不应该专注于所做的事情，而应该专注于确定我们是谁，我们与现有及潜在客户的共鸣点是什么。即使我们销售的产品及服务能够满足他们的需求，我们也需要与客户建立关系，让他们断绝与我们竞争对手做生意的想法。

人们选择的不是"你做什么"；他们选择的是"你是谁"。

第一印象

如果你的药柜[1]和我的一样，里面会堆满剃须刀、牙线、过期的处方药和几乎全空的阿司匹林药瓶、一些刷子和梳子、几个不同品牌的古龙水和须后水——我使用这些东西清洁自己，精精神神地开始每一天。

---

1. 译者注：作者是指浴室洗手台上方，安装在墙壁上的带镜小柜子。在美国一般用来放药品和个人清洁用品。

我尽量保持整洁和有条理,但药柜总是比我所希望的要更混乱。

一旦关上药柜的门,一切就都变了。把柜门关上,你会看到你的脸在镜子里对着你微笑。如果你充分利用了药柜里的东西,你会看到自己最好的样子。

我们会为特殊时刻创造理想面容,如果没有药柜里的东西及其合作伙伴——你的理发师、裁缝,或许还有生活教练——就无法实现。但当你走出家门,这一切就不再出现,你给人留下的只有精美的第一印象。

做你自己,做你自己,做你自己

很多重要时刻,好的外貌状态和个人魅力十分关键。比如在应聘面试时,第一次约会时,第一次给新客户讲演时。一堆相关书籍和文章都会告诉你:做你自己,做你自己。但是,只有药柜镜子里的、拥有高度自我意识的自己,才是这一天的卖点。

就像舞台演员和新闻片场主持人一样,只有精心打理过的面容才能反映出你的自信,告诉观众们你能够给予他们想要的东西。精心打理过的面容会告诉对方,他们将信心放在你和你的产品上,这是再正确不过的事情。

在此过程中,你可能会遇到两个不同的问题。首先,我们厌恶"嗨,看着我"小子,我们不愿意像他一样,这让我们很难主动推销自己。当然,我们会为自己的外表付出一些努力,但是太多的装扮会让我们觉得虚伪不诚实,下意识地防备与远离。

其次,呈现一个理想化的自我与真实的自我似乎是矛盾的。我们认为,如果我们打扮自己以求完美,那么我们就不是真实的。这样一来,我们推销的就不是真实的自我,这让人感觉虚伪。做你自己,做你自己,做你自己,确实如此。

但是,"以客户为中心"的哲学可以改变这一切。你不能通过创造理想化形象来建立你的品牌，帮助你实现目标——说实话这种自我中心的品牌形象更像是"嗨，看着我"小子。换句话说，你不应该把理想化的品牌角色看作是一种虚假的，你应该创建新的、加强版的真实自己。

你想要建立一个理想化品牌以获知客户的功能需求，以及内心欲望（这更重要）。你想要建立一个能引起消费者共鸣的品牌，你要让他们知道——因为你的存在，他们的生活会更好。这个理想化品牌，就是你自己。

无论你是一名青少年偶像，与满怀希望的高中生一起创造浪漫的未来；还是一名医务人员，与病人建立起信任的纽带，这个理想化的自我——即坎贝尔的"英雄之旅"中的英雄——满足了客户的需求与欲望。这种方式同样适用于希望与员工建立忠诚和奉献关系的首席执行官，希望与子女建立良好关系的父母，以及希望吸引稳定客户的互联网品牌经理。政治家们正是凭借这种高度意识的自我吸引到我们，缺乏这种高度意识的自我则会将支持者们推走。正如我们在前文中看到的，巴拉克·奥巴马的"是的，我们能！"说服了三分之二的初次选民将2008年总统大选的选票投给了自己———一位伊利诺伊州的新人参议员。

尽管我们愿意相信这些年轻的美国选民选择奥巴马，并没有受到情感上的影响；但现实主义迫使我们接受，他们的决定实际上是竞选信息与自己共鸣的结果。"是的，我们能！"是积极的、包容的、有抱负的，这是候选人所能提供的最好的东西——不仅是最好的自己，也是选民们在自己身上看到的最好的一面。

"是的，我们能！"是真正的"以客户为中心"。

正如几页前所讨论的，要想深入了解他人，最重要的方法是询问他们的激情所在，而不是他们的职业。一旦你这样做，你就打开了一个让人充满兴奋的知识的宝库。

虽然我们有着不同的激情和爱好，但我们对它们的看法却非常相似。也就是说，我们都怀着兴趣和热情追求自己的激情所在，并获得了许多我们渴望的神秘知识（尽管周围大部分人对这个话题并不感兴趣）。

激情的力量就在这里：我们关心不同的事情，但我们都是以相同的方式去关心。

几年前，我尝试过汽车场地绕桩赛（Autocross）。这种运动的特点是，你必须与其他车手竞速，但你并不会与其他车手同时出现在同一条赛道上。这意味着，你可以驾驶一辆经过适当改装过的普通车比赛，而不必担心与其他车发生碰撞事故，弄坏车或弄伤自己。

不过，说是赛道感觉有些用词不当。大多数的比赛都是在机场、大学、购物中心、棒球场等单位的大型停车场举行。这些地方有大片的沥青路面可以圈起来供比赛使用。

我驾驶的是一辆1984年保时捷卡雷拉（Porsche Carrera），加装了平衡杆，换上了一套更软的复合橡胶轮胎。除了这几处改装和我鲜艳的红色头盔，这辆"赛车"——也是我每天上下班的通勤车——与工厂里的其他车没有不同。

不过，我仍然以面对一级方程式大奖赛的热情参加比赛。我在赛道旁走来走去，和其他车手交谈，比较着彼此的车辆。场地绕桩赛就是我的激情所在。

一个星期六，我妻子随我一起参加比赛。她和我一起在场地里闲逛，与我这一年多来认识的"赛车手"们聊天。其中，我与一位车手聊了很长时间，内容包括通货膨胀率、RSR配件、悬挂设置、型号命名等。当然，我妻子根本不知道我们在说什么，她有点不开心。她问那位车手的女朋友，是否听得懂我们的对话。

"一点也不，"车手女友回答道，"我不会说保时捷语。"

巧合的是，第二天在费尔柴尔德热带花园（Fairchild Tropical Gardens）有一个兰花节。我的妻子十分喜欢园艺和兰花，她问我是否愿意和她一起去。虽然我对兰花的关心，就像她对老旧跑车的关心一样少，但我认为这是对她昨天的回报，所以答应了她。

这次活动十分盛大。数以百计的展位展示并出售着石斛兰、万代兰、卡特利亚兰、文心兰，以及你无法想象的异国品种。穿着凉鞋、戴着松软帽子的人们在花园里走来走去，他们的胳膊上挂满了盆栽植物和肥料，手上还拿着兰花培育书籍。

最有趣的，是兰花爱好者们之间的谈话。他们会谈论"一般根系结构"、"适当补水和维生素补充剂"以及"最佳阳光角度"，其热情和内容与我们谈论"轮胎黏合剂"、"润滑油黏度"、"模型命名差异"时完全相同。兰花爱好者的情感对象与赛车者的情感对象完全不同，但他们的情感参与是完全相同的。双方都以同样的热情谈论着各自的话题。

有句关于宗教狂热分子、政治狂热分子和原教旨主义者的古话，是这样说的："你不能从逻辑上说服一个人脱离一件他根本没用逻辑去思考的事情。"这句话解释了为什么事实不能凌驾于信仰之上。激情是一种强大的力量，可以耗尽任何拥有过它的人的精力。

所以说，触发激情就是一种强大的"以客户为中心"方式，可以建立品牌意识，建立与消费者之间的联系并最终说服他们。

追踪激情

大部分人都在通过智能设备（智能手机、平板电脑、笔记本电脑、台式计算机）使用某种联系人管理系统。不管你用的是微软 Outlook，苹果邮件，还是更为强大的客户关系管理系统（CRM），如 ACT！或 Salesforce，其基本操作是相同的。你需要将相关信息（如姓名、地址、电话号码和电子邮件地址）填写到指定位置。尽管这些信息至关重要，但对于建立一段稳定的关系来说，它们是远远不够的。

了解、理解和跟踪你的联系人的激情所在，这才是能够帮助你实现目标的关键。

大多数客户管理程序都允许你创建自定义字段。既然有人用这个功能追踪联系人的年龄和他们孩子的信息，为什么不能用它来追踪你联系人的激情所在呢？这将使你与联系人的关系变得更加亲密和个人化，因为你知道他们关心的是什么。

SMIRFS

把 I 变成 U，SMURFS 是住在森林里的可爱的蓝色卡通人物；把 U 变成 I，SMIRFS 是人类激情要素名单的缩写，包括了：社会（society）、环境（milieu）、兴趣（interest）、宗教（religion）、同好（fraternity）和物质（substance）。

社会

社会关系是激情和兴趣的真正来源。如果能知道人们从哪里来，受过怎样的教育，崇拜哪些人，可以帮助我们更快、更深地理解他们，迅速拉近与他们的关系。

例如，当我发表演讲时，我总是加入一两个西班牙语或意第绪语[1]单词。这些语音背景的听众会注意到这一点，在他们心里与我的关系会更亲密一点点。不熟悉这些语音的人则会自动跳过这些词汇。

我使用外来语大多是在提及祖父母时。比如，当我提到我妻子的祖母时，我会说："所以我特意看了看 Abuela 是不是睡着了。"Abuela 是西班牙语"祖母"的意思，讲西班牙语的听众会注意到这一点。

在一个关于耐克和标语的故事中，我这样形容我的祖父："这件事让我想起了我的 Poppa。我会说：'我不知道，Poppa，我不认为我能在代数测验上拿到高分。'他会告诉我：'没事的，boychik，去做就好。'他还会问我是否有女朋友，我告诉他我有一个感兴趣的女孩，但我不敢约她出去。他拽着他的山羊胡，对我微笑说：'像你这样的英俊男孩怕什么？打电话给她，现在就打，boychik。'"

---

1. 译者注：Yiddish，意第绪语属于日耳曼语族。全球大约有三百万人在使用，大部分的使用者还是犹太人。而且其中主要是阿肯纳西犹太人在操用此语。（以上内容来自百度百科）

Boychik 是意第绪语中表示怜爱的词汇，这个词不仅加深了我与祖父之间的感情，也让听众中的犹太人知道我是他们团体中的一员。

Boychik 和 abuela 让我与听众建立了宝贵的联系。

环境

和社会一样，环境也是建立和理解激情的绝佳方式，它是激情的巨大源泉。

纽约人与巴黎人、洛杉矶人及伦敦人有着不同的自然环境和社会环境体验。仅仅知道这一点，就能帮助你了解纽约人关心什么。

环境不仅仅指地理环境，它还包括政治、教育、军事以及其他影响一个人自我认知与兴趣的环境。

但是，你必须小心，不要盲目地认为环境会准确地暗示一个人的热情。例如，我和我的朋友会计师史蒂夫·德马尔（Steve Demar）一起去的佛罗里达大学。我对学校足球队和鳄鱼吉祥物只有短暂的热情，但史蒂夫却是校队的超级球迷，一种被称为"公牛鳄鱼"（Bull Gator）的死忠粉。

最近，我到佛罗里达大学做了一场关于品牌建设的演讲。会后主办方给了我一个漂亮的袋子，里面装满了印有鳄鱼图案的东西：一只鳄鱼形笔卡的钢笔、一件胸前口袋上印有蓝色佛大标志的高尔夫球衫、一顶佛大的棒球帽、一个印着佛大标志的皮质名片夹。

我知道人们对转送的礼物往往不屑一顾，但当我将这个袋子送给史蒂夫时，他高兴得像个拆圣诞礼物的小男孩。袋子里并没有什么贵重的物品，史蒂夫可以随便买上一堆佛大的纪念品。但这不是重点，关键是史蒂夫的生活环境为他创造了一种对佛罗里达大学的激情，这种激情可以让我为史蒂夫创造一个"以客户为中心"的激动时刻。

兴趣

兴趣，如保时捷场地绕桩赛和兰花，是决定一个人激情的关键。

音乐是我的毕生爱好之一。从六岁起，我就成了披头士的狂热粉丝。从 8 岁到 13 岁，我一直在上古典钢琴课。初中和高中时期，我的一切都围着小号转，我的大部分空闲时间（和我逃的所有课）都在乐队练习室或管乐队、爵士乐队的排练中度过。我甚至参加了两个夏天的乐队夏令营。那时，我听的乐队是"芝加哥交通管理局"（Chicago Transit Authority）、"血、汗和泪"（Blood, Sweat & Tears），以及"逐乐团"（Chase）。

进入大学后，我没有那么多的时间去听音乐。虽然我是一个很好的吉他手，喜欢在乐队里演奏，但那主要是为了结识女孩。毕业后，我忙于创业、组建家庭，更没有多少时间玩音乐了。

大约是在我三十岁生日的时候，我和我的朋友里克（Rick）在一起喝啤酒，谈论音乐。在成为广告文案撰稿人之前，里克曾是一名专业小号手，曾与我最喜欢的几个乐队和歌手一起演奏，包括芝加哥乐队（Chicago）和马文·盖伊（Marvin Gaye）。虽然我对音乐理论、古典音乐史和现代音乐史有很好的理解，但对蓝调（blues，也称布鲁斯）——爵士乐和摇滚乐的起源——却一无所知，这令里克十分吃惊。为了让我补上这一课，里克为我录制了两盘磁带，都是经典的蓝调音乐——索尼·宝恩·威廉姆森（Sonny Boy Williamson）、"嚎叫野狼"（Howlin' Wolf）、穆迪·沃特斯（Muddy Waters）、斯利姆·哈珀（Slim Harpo）、贝西·史密斯（Bessie Smith），以及其他伟大乐手的作品。

对我来说，这简直是天启！这两盘磁带上的所有音乐都深深地吸引了我——流动的节奏、激情的歌声，以及满溢的真实情感。这些歌曲让我晃着脚摇着屁股，脸上带着痴迷的微笑。

我还注意到，我最喜欢的歌曲都有一个共同之处：它们都在布鲁斯口琴的悠扬声中结束。

几年后，我是一名重度蓝调成瘾者。一次，当我在机场候机时，在礼品店发现了一半薄薄的书，名为《口琴吹奏初学者指南》（*The Klutz's Guide to Playing the Harmonica*），书上夹着一个红色的小网袋，里面放着一只全音阶口琴和一盘教学磁带。一开始,我认为这是送给孩子们的好礼物。但在航班延误的等待期间,我为了打发时间开始读起了这本书,结果一发不可收拾。当飞机着陆时,我迫不及待地冲回我的车,想尽快听到磁带里的内容。

就像许多活动(高尔夫、烘焙、绘画)一样,口琴很容易上手但很难精通。正如已故伟大口琴老师鲍勃·沙特金(Bob Shatkin)所说,想要演奏好布鲁斯口琴,关键在于"让这样尖锐的小乐器听起来像货运列车那样沉重"。

每次我开车时,都要找机会仔细阅读一下这本书,然后再听一遍磁带。无论走到哪里,我都会找时间进行练习。我甚至还参加了私人课程,经历了几位老师,最终找到一位我可以真正学到东西的老师。

二十年后的今天,如果我的口袋里没有一只口琴,公文包里没有6件或12件口琴的套装,我就哪儿也不去。看到有人在街头演奏卖艺,我会拿出我的口琴询问是否可以加入。我曾在伦敦地铁和一位小提琴手一起演奏,在普罗旺斯的小镇广场与爵士乐组合一起演奏,在柏林和一位手风琴家一起演奏过。我甚至在巴黎地铁与另一位口琴手一起演奏。他不会说英语,我的法语更糟,但我们仍然能够交流,分享我们最喜欢的即兴旋律。在全国各地的俱乐部和派对上,我与著名的和不那么著名的乐队一起演奏,我甚至在拉斯维加斯和何塞·费利西亚诺(José Feliciano)一起上台。我在世界各地结识了很多很棒的朋友,我和他们一起演奏音乐、电邮传送 MP3、分享口琴文章的链接。

我的业务包括几乎每周一次的演讲,我发现站在人们面前时,口琴演奏是一种效果很好的破冰方法。我的口琴演奏会让听众们知道,我不会给他们那种充斥着无聊废话的讲演。我的音乐向听众证明了《打造品牌价值:可复制传播的七个简单步骤》(Building Brand Value: Seven Simple Steps to Pro table Communications,我的第三本书)中关于创造性差异化在建立品牌价值中的重要性。我让我的听众们知道,我不认为自己是高高在上的大人物。我发现在讲台上最难忘的部分是演奏巴赫的《G

大调小步舞曲》和索尼·宝恩·威廉姆森的《桃树》（Peachy Tree）。

我对口琴的激情已经成为我个人品牌中不可或缺的一部分，我的名片上印有我的电邮地址和口琴图案，人们也将签名口琴作为礼物送给我。最重要的是，我依旧会抓住一切空闲时间听口琴音乐，练习口琴演奏。

宗教

与社会、环境和兴趣一样，宗教也是了解他人关心事物的重要途径。与性爱和政治一样，宗教也常常是日常谈话中避免谈及的话题，以免冒犯他人。不过，了解他人的宗教信仰可以帮助你理解他们是谁，他们关心什么。

我的观点并不是说，你应该评判他人的信仰。相反，你应该理解他人对自己宗教信仰的重视，以及他们的信仰如何影响他们的思维方式和价值观。

宗教不仅是激情的源泉，它还可以引导人们产生其他的激情，这些激情来自于他们对信仰的认识、承诺和体验。

同好

我妻子的祖母经常说："Dime con quién tu andas y te diré quién eres."翻译过来意思是："告诉我你和谁在一起，我会告诉你你是谁。"当然，更常见的话是："物以类聚，人以群分。"不管用什么语言，这些话里的意思都很清楚：同好关系是探明他人兴趣和激情的好方法。

球队、乐队或者其他拥有共同联系、共同目标或共同兴趣的团体，其力量是巨大的。通过志同道合的人群产生的团结感，品牌可以与消费者建立强大的情感纽带、增强忠诚度、刺激销售，甚至克服品牌危机。

因此，一个特定品牌拥有高度兴奋和忠诚的疯狂拥趸也就不足为奇了。很多人对他们所爱的人或物极其热衷，甚至产生了高度自我认同。

流行歌星贾斯汀·比伯（Justin Bieber）的狂热追随者被称为"Beliebers"；感恩而死乐队（Grateful Dead）的粉丝是"Dead

Head"；泰勒·斯威夫特（Taylor Swift）的粉丝是"Swifties"；碧昂斯（Beyonce）有她的"Bey Hive"；吉米·巴菲特（Jimmy Buffett）有他的"Parrot Head"（鹦鹉头）。[1]

不仅仅是歌迷们有自己的昵称。狂热的《星际迷航》（Star Trek）观众是"Trekkies"；苹果产品的忠实用户被称为"Fanboys"；汽车品牌阿尔法·罗密欧（Alfa Romeo）的粉丝是"Alfisti"；喜欢法国的旅行者和语言学家都是"Francophiles"；保时捷跑车的粉丝们是"Porschegeuse"。

同好关系是一个联系消费者的强大方式。你可以使用这种方式将自己的品牌与消费者联系起来，让狂热的消费者享受这种关系，并通过吸引更多粉丝保持甚至加强热度。

虽然口琴是我的兴趣和激情所在，但你的爱好可能大不相同。或许你喜欢收集邮票、打网球、潜水、写诗，或者研究美国内战中的战斗策略。激情与爱好因人而异，各不相同，因此我们需要对他们的激情进行分类，甄别出是否适合我们的品牌建设。

物质

"物质"是指不属于社会、环境、兴趣、宗教或同好范畴的，有意义的联系的总称。有多少人就有多少种热情，对激情的新的分类会随着科技的飞速发展而迅速出现。

更重要的是，人们可以因为拥有不同的兴趣被归入不同的类别。正如16世纪的散文家米歇尔·蒙田（Michel Montaigne）对自己游荡心灵的描述："我不能让我的主题静止不动。它昏昏沉沉、跟跟跄跄，带着天生的醉意。"

---

[1] 译者注：本段及下段中粉丝群体名称均来自于明星或影视作品名字。巴菲特的粉丝"鹦鹉头"的由来，是1985年巴菲特在演唱会上感谢那些"穿着夏威夷衫、带着鹦鹉帽的人们一直来看我的演唱会"。后来巴菲特乐队成员之一使用"鹦鹉头"称呼巴菲特粉丝，并普及开。（"鹦鹉头"部分内容来自wikipedia）

其实，你如何将他人的激情分类并不重要，重要的是你要关注他们。这种关注才是情感联系的来源。

在整本书中，我们一直在谈论如何将聚光灯从你和你的品牌身上，转移到你的现有和潜在的客户身上。但谈到激情时，你必须表达出你对某种兴趣的承诺。因为有些时候，要想做到"以客户为中心"，你必须先做到"以自己为中心"（All about You）。

在演讲介绍中放入实质内容

当广告公司开发新客户时，创造性的演讲介绍必不可少。这是公司显示其能力的机会。当然，最好的公司总是会极尽夸张地设计、编排，精心布置让每一个组成部分都达到最好的表演效果，就像百老汇舞台剧一样。

高级客户开发顾问罗布·海（Robb High）解释说，虽然大多数公司认为这种演讲介绍是为了吸引潜在客户进行的准备工作，但这并不是演讲介绍的真正目的。这种活动的目的更像是第一次约会，让潜在客户对与公司合作的感觉有所了解。

知道了这一点，我们的广告公司总是以"让潜在客户了解我们多一点点的目标"来准备演讲介绍和介绍手册。比起仅仅展示公司资产和业务类型，这样做的效果要好得多。

除了介绍我们的服务、突出我们的业务经验，我们的商业材料还包括了将为潜在客户服务的人员介绍和图片。出于我们对 SMIRFS 的重视，人员介绍中不仅包括了职业和教育经历信息，还包括了我们的激情与爱好。

我的搭档罗伯托·沙普斯（Roberto Schaps）谈到了他对旅行和美酒的喜爱。我们的两位艺术总监描述了他们对自行车比赛的热爱：一位喜欢公路自行车，另一位喜欢野外骑行和小轮越野车。我的个人简介中描述了我对音乐的热爱以及我参演过的乐队。我们的公关总监谈到了她对时尚和潮流的热爱。

分享你的兴趣

几年前,我们参加一家大型媒体公司的代理商审查会。我们为这次活动精心准备了资料,其中包括我们媒体总监——一位名叫亨利(Henry)的杰出专家的个人小传和照片。除了丰富的广告发行知识和经验,亨利还是经典喜剧演员斯坦·劳雷尔(Stan Laurel)和奥利弗·哈代(Oliver Hardy)的忠实粉丝。他对这两位演员的狂热,让他成了迈阿密当地劳雷尔和哈代粉丝俱乐部的主席,这个俱乐部名为"沙漠之子"(取自1933年这两位演员主演的同名电影)。我们认为,聊一聊亨利参加的迈阿密帐篷("帐篷"是该组织的一个地方分会),是一个向新客户介绍他的好方法。

但亨利感觉很丢脸。他抗议这个提议,因为大部分人都认为他的爱好很愚蠢,他的妻子和女儿对他的爱好也感到非常尴尬,尤其是他穿着亮红色沙漠之子服装参加俱乐部集会时。不用说,我们不同意他的抗议,并说服他给了我们一些"帐篷"的照片,放在了公司宣传手册中。

在演讲介绍会上,我站在客户一行八人面前,介绍了我们的对于客户营销战略方向的计划,正当我要公布新的广告口号时,一个穿着深色西装的大个子打断了我的话。

"嘿!你们的手册里写的,关于劳雷尔和哈代的这些东西是什么?"客户公司的总裁一边问着,一边挥舞着我们的宣传手册,"这个叫亨利的是谁?"

我开始解释说,亨利是我们的媒体总监,也是当地沙漠之子帐篷的主席。我一边说着,一边望向亨利,伸手向他示意。亨利的眼睛瞪得像盘子一样大,他看着我,脸色苍白。

"好吧,到外面来,跟我说说粉丝俱乐部的事吧,亨利。"总裁大声嚷道,一边指着会议室的门,一边从会议桌上站起来,"我的团队可以观看剩下的演示,我想知道更多关于沙漠之子的事。我爱死劳雷尔和哈代了。"

亨利和总裁一起走出去,一直在走廊里谈论劳雷尔和哈代的经典喜剧电影,直到会议结束。不用说,亨利给总裁留下了很好的印象,尽管他一点也没向我们的潜在客户提及广告计划和媒体战略。

虽然亨利没有展示他的专业知识和能力,但他展示了自己的激情,并与我们的潜在客户建立了情感联系。你问审查的结果?显然是亨利激情带来的关系比另一家广告公司展示的策划能力更有价值。

当然,我们很幸运,客户公司的总裁与我们媒体总监具有相同的爱好,但是,即使有着运气的成分,如果一开始我们没有勇气表现出我们的激情,就永远不会知道客户总裁也有相同的兴趣,更不用说利用它为我们谋取利益了。

这个故事的寓意很简单:无论你的爱好是什么,都要让它成为你生活中重要而公开的部分。分享你的兴趣,寻找志同道合的人,并将你的激情融入你的个人生活和职业活动中。你会发现分享你的激情会让你更有趣、更平易近人、更令人难忘。你的激情,以及你对它全心全意的表达,将成为吸引人们的磁石。

更重要的是,分享你的激情将有助于消除你对"自我推销"(无耻地夸大吹嘘自己)的担忧。换句话说,分享你的激情会阻止你成为"嗨,看着我"小子。因为当你和他人分享你的激情时,实际上是在馈赠,赠送你的知识、天赋和热情。这些知识、天赋和热情不仅表现了真实的你,同时也让他们的生活变得更加美好。分享你的激情可以帮助你从以公司为中心的经营模式转为以客户为中心。

All About Them

第六章

以客户为中心：
与客户建立情感联系

离婚律师

一对八十多岁的夫妇约见离婚律师。他们告诉律师,在讨论了婚姻的起起落落之后,他们一致决定离婚。

律师很震惊,问道:"你们结婚多久了?"

"五十八年了。"老夫妇异口同声。

律师又问:"你们对婚姻不满意,想分开有多久了?"

"四十年了。"丈夫回答。

"至少四十五年。"妻子补充道。

最后,律师问道:"那你们为什么等了这么久?"

老妇人回答说:"我们在等孩子们都死去。"

最伟大的一代

汤姆·布罗考（Tom Brokaw）写了一本书，讲述的是在大萧条时期成长，并且在二战中浴血奋战的那一代美国人。在序言中，布罗考把这一代人描绘成了人类的救世主。

布罗考对那一代人及其功绩印象深刻，他称他们为最伟大的一代。他花时间采访那一代人，讲述他们的故事，并就他们的勇敢、牺牲和成就得出了这个结论。

布罗考没有谈到"最伟大的一代"之后的几代人：婴儿潮世代、X世代、Y世代、千禧一代等等。这几代人与"最伟大的一代"有很大的不同，尤其是在消费和品牌方面。

虽然第二次世界大战肯定不是最后一次年轻美国人为之牺牲的战争，但这是美国社会所有阶层成员共同参与的最后一次战争。虽然从朝鲜、越南到索马里、阿富汗和伊拉克，有许多美国人在这些地区的战争中丧生；但第二次世界大战却是最后一次挟裹并定义了整整一代人的战争，不管他们的社会地位、财力和教育程度如何。

因此，继布罗考的"最伟大的一代"之后的几代美国人，一直在寻找新的方式来定义自己，其中许多人将消费主义作为他们全面但肤浅的定义因素。

对于我们这些出生在"最伟大一代"之后的人来说，我们缺乏世界历史级的自身定义，这迫使我们四处寻找自己的定义。我们用自己拥有的东西和展示给世界的东西来定义自己，而不是战争和牺牲。简单地说，我们父辈以他们经历的战争而闻名，我们这一代人因我们购买的东西而闻名。

品牌的力量

奔驰、宝马和捷豹（Jaguars）的大黑塑料钥匙；丰田普锐斯挡门器般的造型；被咬了一口的苹果标志在电脑和手机外壳上闪闪发光；拉尔夫·劳伦的马球标志和古驰（Gucci）的G字互锁标志。这些就是"未定义一代"用来向世界展示自己是谁的标志。

这些都是今天尚未定义的代言人用来告诉世界它们是谁的图标。不知何时起，铆工罗西的"我们能做到"已经变为多代人的"我们能买到"。

甚至那些声称厌恶品牌和消费主义的年轻人，也会利用他们拥有的东西——从拖鞋到讽刺T恤，以及他们身体上的人工特征——文身和穿孔，来建立自己在嬉皮士、极客等现代部落中的地位。

正如整本书中多次讨论的那样，品牌不是通过产品或服务所做的事情（功能）定义的，而是它们与消费者之间的情感联系以及它们借给这些消费者的可辨识财产。

换句话说，好的品牌会让你感觉良好。伟大的品牌会让你对自己感觉良好。

伟大的品牌让消费者对自己感觉良好

我的跑步伙伴大卫和我在健身房谈论我们参加过的一次大沼泽地越野赛跑。当我指出他的比赛用时比我短得多时，他却对我的表现表示祝贺。

"这是一场伟大的比赛。"大卫说，"你和我做了同样的事。"

"你在说什么？你跑了50公里，我才跑了25公里，而且你每英里的用时都比我快。"我回答。

"不，我们做的完全一样。我们都去参加了比赛，而且都拼尽全力。"

这让我想起了维多利亚时代工人与他的老板之间的对话：

富人对穷人说："如果你向国王鞠躬，你就不必活得那么贫穷。"

穷人对富人说："如果你学会了用更少的钱生活，你就不必向国王鞠躬。"

通常，介于成功和失败之间唯一一件事是，你如何塑造局面。

如果你能忍受我讲另一个故事，那我就说说我朋友亚当的经历。

亚当一直在努力训练，我从来没有见过有人在凌晨5点之前训练的。他在赛道上跑了一圈又一圈，精力充沛。通常，等我早上到健身房时，他经常已经快要完成他的锻炼。顺便说一句，请不要认为亚当的空余时间很多，才能这么努力锻炼。在锻炼外的时间里，亚当还经营着一家财富500强公司，同时他还是一名了不起的父亲、丈夫和社区公益人士。

一次，亚当参加了全国接力锦标赛，我迫不及待地想知道当时的情况。一周后，我看到他在跑道上擦汗。

"情况如何？"我问他。

"让我告诉你在堪萨斯城发生了什么……"亚当沮丧地说，"我们一名队员没有出现，我们找到另一名选手接替他的位置，但他只有40多岁，这意味着我们不得不从50~59岁组降到40~49岁组。"

"结果如何？"我问道。

"嗯，我们赢得了40~49岁组的比赛，但是没有其他队参加决赛。如果我们进入50~59岁年龄组，至少能得第三名。"

"你赢了？你赢得了全国冠军？哇哦！亚当，你在时间要求更高的年轻组别里获得了冠军，真是太棒了。"

"不，不完全是。我的意思是，技术上讲我们是赢了……但我们并没有真的赢。这不是我们训练的目的。"

你看到了吗？亚当进行了几个月的训练，克服了失去一名队员的困境，并赢得了全国冠军，他却将这一切全盘否定，只是因为没有按他希望的方式进行。我查过比赛资料，如果你不是公平公正地真正赢得比赛，大赛的官员是不会颁发给你奖杯的。

在你评判亚当之前，想想你上次做同样的事是什么时候。

或许是他人称赞你看起来有多精神好看，你轻蔑地说："我？不，我的头发看起来糟透了……我至少要减掉20磅才行。"

或许是你在正确的时间、正确的地点认识了正确的人，进而找到新的工作或者赢得新的生意，但却不为此庆贺。

或许你推掉了仅仅是因为幸运而获得的明智投资或商业决定。

为什么我们这么愿意为我们做得不好或根本没有做过的事情而自责，却又如此不愿为我们实际取得的成就而接受赞扬呢？

当公司围绕自己的弱点建立品牌计划时，你可以随时在其市场营销中看到这一点。他们会列举出各种他们能让客户们认为他们强大、可信的事物，却从不谈论对客户来说什么最重要。

但精明的营销人员不会谈论自己。他们就像你最好的朋友一样，专注于那些可以帮助客户克服自己负面情绪的事情。

像朋友一样，好品牌会让人感觉良好。但是伟大的品牌会让人们对自己感觉良好。

从最伟大的一代到最优秀的品牌，秘诀不仅仅是提供一种伟大的产品或服务，还在于提供一种手段，让客户将你所提供的东西内化，并利用这种品牌认同来告诉世界，他们是谁，为什么他们很重要。

如何建立与消费者的联系

正如我们所看到的，建立品牌价值的最好方法是创建一个你的消费者自己认同，甚至用来告诉世界上其它人他们是谁？为什么它们是重要的品牌？从贾斯汀·比伯的"Belieber"到巴里·马尼洛（Barry Manilow）的"Fanilows"，这种联系感可以创建一段更持久的关系。

一项部分由三星资助的研究调查了消费者的品牌认同对品牌资产价

值的影响。研究人员发现，品牌与消费者之间建立的积极关系对品牌亲和力及品牌忠诚度有显著的重要影响。

20世纪，消费者认同的解决方案是创造可见的品牌制服，这样用户可以穿上这些衣服表示自己的忠诚。就像美国独立战争期间，英国士兵穿着红色制服表示对王室的忠诚一样，因此英军也被称为"红衫军"（Redcoat）。这种品牌联系方式简单而普遍，可以让消费者轻松地传播他们的激情与归属感。

耐克的对钩、阿迪达斯（Adidas）的三叶草，它们的作用与奔驰车头竖起的车标、路易威登（Louis Vuitton）叠加在一起的首字母标志具有相同的用途。如果与会者的马球衫、棒球帽和背包上没有醒目的标志，那么任何企业的高尔夫大会都是不完整的。但事情变得越来越糟——在显眼的品牌标志变得如此普遍的今天，不止一家公司创建了基于淡化辨识度的品牌。

意大利时装公司葆蝶家（Bottega Veneta）使用了"当你自己的名字已经足够时"这句广告语，强调了它淡化品牌识别的意识。它出售了这一违反直觉的想法，狡猾地暗示，由于优秀的品牌质量，即使缺少品牌识别标志，知道的人仍然会辨认出这个品牌。另一方面，不能识别出该品牌的人也缺少相应社会地位，不值得关注。当然，尽管葆蝶家的设计师支持无声的品牌信息，但其标志性的皮革编织手法依然有很高的辨识度，就像你一眼可以从众多格子式样产品中认出博柏利（Burberry）家的一样。

比利时时装设计师马丁·马吉拉（Martin Margiela）也在努力创造一种"无品牌"的审美风格，尽量淡化公司的存在。即使如此，这家公司非常重视用户对其产品风格的反应，而且"不仅仅是通过标签来表达品牌的想法"，它使用普通、无标记的白色标签，或者带有从0到23的神秘但仍可识别的标签，将其产品与人群区分开来。

但正如最新科技的用户所说："那是5分钟前的事了。"今天，因为完全透明的数字媒体环境，一个品牌的地位是很容易确定的。更重要的是，由于网上和海外的假货数量不断增加，一块漂亮手表上的劳力士（Rolex）标志或一双红色绒面皮鞋上的法拉利（Ferrari）飞马标志不再能证明产品真假。

如今，企业对自家商标的监管越加困难与昂贵。在这种情况下，最重要的是开发一群关心品牌真实性并以捍卫品牌利益为己任的热情用户群体。今天，品牌传播必须从以公司为中心转向以客户为中心（company centric to consumer centric，CC 2 CC）。

以公司为中心转向以客户为中心

我正为《财富》100强公司年度创新峰会的演讲做准备，会议项目负责人问我："你认为你的朋友／父母／兄弟姐妹形容你个人品牌的第一个词是什么？"

我根本不用考虑这个问题，所以我快速答到"有创意"。毕竟，我是个从小到大参加过艺术课、写作课、管弦乐队、摇滚乐队的孩子。我还拥有艺术和设计学位。"创意"是一个描述我个人品牌的完美词汇，起码我认为是这样。

但在我发出电子邮件之前，我想起了一段经历，那次经历让我看到了一个完全不同的个人品牌描述，也许更准确。

几年前，我的公司考虑在每个人的办公室门上加上名牌，以便在潜在客户上门时作出解释。但有人指出，没有人会记得一堆名字（帕姆、卡罗莱纳、艾莉森、玛莉莎、汤姆、特雷西、何塞，等等）。他建议我们在每个办公室门上加一个描述词。

我们认为，这个想法不仅有实际意义而且很有趣，甚至引发潜在客户与我们进行对话。

在周五早餐会上，我们将这个计划通知了每个人，并要求所有人在下周一都要提交各自的词汇，否则我们就直接指派一个。

但随后我就出差了，一直没来得及提交我自己的个人品牌词汇。当我回到办公室时，个人词汇已经贴到了门上。我们的首席财务官是"周密的"；一位艺术总监是"多姿多彩的"；我们的簿记员是"忙碌的"；我们坚忍的生产经理的头衔是"锤子"。

我办公室的门上也有描述词，但奇怪的是，它并不是"有创意的"。

在前面，我们一直在说建立品牌是需要"以客户为中心"的思维方式。因为在今天的互动环境中，每个人都可以传递信息。也就是说，你不再决定你的品牌是什么，你的客户会决定并将其推广。

正如我的同事和我自己对我的个人描述完全不同，你的客户对你、你的公司、你的产品和服务的看法也可能完全不同。如果你不知道他们的想法，你就无法进行营销。

哦，对了，我们门上的词是什么？"紧张"？我？自己去想吧。

乐于改变

我有幸参与的最大项目之一，是为不同的百加得产品创建品牌和营销方案。

我们面向不同的观众制作了一系列宣传节目，每一段都针对不同的需求、口味和欲望。我们开发了百加得黑魔法（Bacardi Black Magic）来推销百加得的黑朗姆酒（与蔓越莓汁混合），面向酒店吧台里背景复杂的饮者们。我们制作了百加得健怡可乐（Bacardi Lite and Diet Coke，"只有66卡路里"），推销给关心口感和体重的三四十岁女性。我们为墨西哥主题酒吧开发了有着龙舌兰含量更多的百加得壁虎（Bacardi Gecko），还为万圣节特别推出了百加得蝙蝠之咬（Bacardi Bat Bite）作为节日特供版。但这一系列广告中最有趣，也让我们学到最多的，是百加得樱桃炸弹（Bacardi Cherry Bomb）。

从整体看，我们的创作很简单：确定目标客户——大学酒吧里达到合法饮酒年龄的群体，找出让他们将酒精饮料从啤酒换为朗姆酒（特别是百加得黑朗姆酒）的激励因素。百加得选择进入这个市场，是因为它之前在大学社区中的市场份额几乎为零，所以任何针对这个市场的业务都会对公司销售数据产生明显影响。

当然，我们是从市场研究开始的。毕竟，要使一个品牌从以公司为中心转向以客户为中心，唯一的办法就是了解消费者是谁以及他们关心的是什么。

以下是我们发现的一些情况：

首先，年轻的饮酒者喜欢谈论传统好酒，但喝得却很"甜"。简单来说：他们喜欢表现得对酒精饮料很有知识，但倾向于点更甜、不那么复杂的鸡尾酒。

随着调查的深入，我们发现大多数的年轻饮酒者已经拥有他们理解和喜欢的酒精饮料了，通常是朗姆酒兑可乐或螺丝起子，因为他们喜欢可乐和橙汁，点这些饮料让他们感觉很舒服，虽然里面添加了酒精。

我们还发现，虽然年轻的饮酒者不醉不休，但他们喝酒的原因，则更为微妙，尤其是男性。已到合法饮酒年龄的男性告诉我们，他们喝酒是为了"获得财富和幸运"。如果他们不走运，那就更有理由来上一杯了。

基于这一信息，我们开发了一种名为百卡迪樱桃炸弹的酒吧产品。这种酒是百加得黑朗姆酒和樱桃可乐的混合物，它绝对足够甜，喝一口就能让你的牙齿受伤。我们知道它绝对能让我们的目标客户满意。为了打开口碑，我们在酒吧里张贴了一系列海报，并且设置了一个有趣的互动推广仪式，叫："打它！扔它！敲它！"仪式邀请现场观众上台敲击酒吧的玻璃酒杯，扔掉酒杯里的酒，然后引出一个特殊的、带有我们定制广告图案的玻璃酒杯，里面放着一个发着明亮红光的樱桃炸弹，炸弹的引信还在闪着火花。最后，玻璃杯上拉起一个横幅，写着酒的名字：百加得樱桃炸弹。

但事实证明，这次营销并不成功。但对我来说，这是一堂非常棒的"以客户为中心"课程。于是，我总结了经验并与百加得的营销团队分享。

下面是当时的情形：

我站在百加得的小会议室前，准备展示我们的研究结果和解决方案。这个会议室布置得像教室一样，能容纳大约20人。我方与百加得合作团队的成员都在场，他们都是二十多岁到三十岁出头的年轻人，负责向刚刚达到法定饮酒年龄的年轻群体销售百加得产品。

首先，我们展示了我们在全国各地考察过的不同酒吧的照片。然后，我们展示了随机访谈对象们的照片。

接下来，我们浏览了一些图表，这些图表显示了访谈对象的人口统计数据（例如，年龄、收入、性别、教育水平）。我正要进入到一些更具体的信息时，会议室的后门打开了，一个人悄悄地溜进了房间。

所有人的头都齐刷刷地扭了过去，想看看进来的是谁。那是个身材很好的中年人，长发梳得很整齐，他穿着一件漂亮又精致的、浅绿色和奶油色的定制运动服，这种配色我只有在欧洲见到过。这种布料在最昂贵的奔驰车内都不会显得突兀。

我不知道他是谁，但他显然很重要。他自信地站在房间后面，对我说："请继续，别管我。"我不知道还能做些什么，于是继续我的报告。

当我讲述研究的数字和实际情况时，那个人就静静地站在后面。最后，我们来到了题为"消费者动机"的章节。幻灯片投射在屏幕上，我开始解释消费者真正购买的是什么，他们关注的又是什么。我深入解释道，百加得品牌的传统卖点——传统、质量和来源——都没有进入他们的考虑范围。我说道："事实上，年轻消费者只有在吹嘘时，才会关心品牌的这些特性。记住，我们已经看到，这些消费者喜欢谈论老酒，但喝的都是甜酒。"

"对不起。"房间后面的客人打断了我的话，"我们的品牌并不是为那些'喝甜酒'的人创建的。它是为那些有眼光的、想要品味美好事物的人创建的。"然后这个人描述了他的祖父是如何从古巴出发，将配方小心翼翼地缝在衣服翻领后。他还介绍了整个家族如何被流放到波多黎各的海岛上，又如何通过多年努力创造出世界各地都能买到的最纯净的朗姆酒。

很明显，我在和百加得家族一员对话！

他继续动情地讲述他家族的历史和成就，并清楚地表明我们对他家族产品的描述方式令他很不满意。所有人都以尊敬或恐惧的眼神看着他，我不太确定他到底是谁。

最后，我们的客人终于结束了他的长篇大论，轮到我讲话了。

"恕我直言，先生，你上次买百加得朗姆酒是什么时候？"我问他。

"什么？我一直在喝。"他的回答不怎么友好，可能是因为惊讶，"你希望我喝什么？"

"对不起，我没有问你最后一次喝百加得是什么时候，而是问你最后一次买它是什么时候。我的意思并不是说你给酒吧里所有人都买了一杯百加得，作为品牌促销这种情况。"

他只是盯着我，所以我继续说。

"你最后一次整个周末口袋里只有 20 美元，你的朋友叫你带一瓶朗姆酒来参加聚会，是什么时候？在便利店里，你可以花 18 美元买一瓶百加得，或者花 12 美元买一瓶波士顿老先生（Old Mr. Boston）。"

"波士顿老先生？"他插嘴说，"Pero qué mierda（什么？），你怎敢用那种货色与我们的产品相比？"

"对不起。"我再次道歉，"我并不是说这两种产品有可比性。我只是想说，一个口袋里没有多少钱的大学生，他的购买动机很可能与你不同。事实上，大学生们与在座的每一个人的购买动机有很大的不同。贵公司雇佣我们，就是为了要了解真正刺激他们购买的到底是什么。"

"我明白了。"百加得先生说，"既然你这么说了，我得承认我从来没有过这种经历。我从来没有自己掏腰包购买过自己家的产品，我也从未担心过买东西要花多少钱，或者我还剩多少钱。我不知道那些孩子为什么要买我们的朗姆酒。请继续。"

回到我的演讲，我分享了剩下的内容，然后进入我们的品牌创造工作，展示了我们的创造性解决方案。当我完成时，我们的客人走到房间的前面，握着我的手感谢我的投入。

虽然他很快就离开了会议室，但我们的客人让我更好地理解了建立品牌的重要性，充分了解了预期的消费者心态。他愿意抛开自己的观点、经历和偏见——不管它们有多重要、多根深蒂固——并完全接受别人的观点，这真是让人大开眼界。即使我站在房间的前面，后面的那个人也给我上了最宝贵的一课。

与消费者的对话

有一个古老的故事，内容是一个悲观主义的父亲，想给乐观的儿子上一课。儿子唯一想要的生日礼物是一匹小马，所以在儿子生日那天，父亲打电话给饲料商，让他在儿子的卧室里堆满了粪肥。

但孩子回到家时，父亲告诉他礼物就在他房间里。孩子已经闻到了粪肥的味道，他朝房间跑去，尖叫着说："太棒了，你给我买了一匹小马！"

过了一会儿，孩子又跑了回来。他冲进车库，抓起一把铲子，跑回卧室。

"哇哦。你拿着那把铲子去哪，儿子？"父亲故意问。

"我房间里有那么多粪便。"男孩跑过去回答说，"一定有一匹小马在那里。"

前几天，我的朋友大卫·帕克（David Park）给我寄来了他在硅谷投资者会议上记录笔记。此时，我想起了这个笑话。正如他所说，"这些话实际上是从人类嘴里说出来的"：

"我们正在社交流中游泳。"

"众包应用发现平台。"

"你能谈谈概念启动吗？"

"现在，让我们来谈谈干扰干扰者的问题。"

"伙计,我们的屁股都迭代掉了。"

"看起来它正在寻找一个确凿的用例。"

"我们现在重点是世界本地。"

"协作消费确实是一场革命。"

"Plat-ag。"(platform-agnostic,"平台—不可知论者"的缩写)

"你完成了有史以来最伟大的枢纽之一。"

"我们不以财务业绩来衡量我们的成功。"

你能相信这些泪水一样的术语吗?这些话来自我们最优秀、最聪明的IT天才们,他们正忙于创造公司和机会,而这些公司和机会将为经济注入活力,并造就未来的百万富翁和亿万富翁。

行话能够将特定人群和其他人区分开。人们通过使用特殊设计的内部语音,表示自己被一个特定群体接纳了。

我们的总统选举充满了这样的情况。政客和专家们会使用"暗语"向基层成员传达不那么政治化的信息。一些简单的民族俚语,比如总统巴拉克·奥巴马对餐厅收银员说,"Nah,we straight(不用了,这样就好)"[1],可以有效地向某些群体发出信号,表明自己也是"其中之一"。

但这样的对话方式也会起到反作用。比尔·克林顿的"I'm fixin' to tell you(我很想告诉你)"是一种南方民间表达方式,这样的措辞可以让他与一些群体更加亲密,但是也有被文雅选民疏远的风险。保罗·莱恩(Paul Ryan)[2]对艾茵·兰德(Ayn Rand)[3]著作的推崇,是向茶党(Tea party)保守派证明,自己与他们的经济信仰高度一致,但这也让宗教保

---

1. 译者注:这里奥巴马总统使用的是黑人语言用法,与他对话的收银员也是黑人。

2. 译者注:现任美国众议院议长、议员(1999—),2012年总统选举中副总统的候选人。(以上内容来自百度百科)

3. 译者注:艾茵·兰德,1905—1982,俄裔美国人,20世纪著名的哲学家、小说家和公共知识分子。她的哲学和小说里强调个人主义的概念、理性的利己主义("理性的私利")、以及彻底自由放任的市场经济。(以上内容来自百度百科)

守派深感恐惧。

人们根据自己的情绪做出决定，并用自己的智力来证明这些决定是正确的。通常来讲，不是你说话的内容，而是你说话的方式最具情绪效应。当你想要在理性层面上吸引你的客户时，一定要记住这一点。如果使用得当，行话和内部语言能帮助你做到这一点，因为它们能直接与对方的心对话。

但请记住，粪肥下面也可能没有小马的。

行话的力量和危险

我得坦白一下：几个月前我忘了付账单。我没有任何理由疏忽，只是收到催款通知时我正处于低落期，大脑彻底忽略了这件事。希望现在你已经对我有足够多的了解，不会对我太过苛责。让我们继续这个故事。

我的手机上来了一个我不认识的号码，不过我还是接了。对方一出口，我就知道她并不认识我，因为她把我的姓"TUR-kel"念成了"Tur-Kell"，任何认识我的人都不会这么说。

"你好，请问是 Bruce Tur-Kell 吗？"

"是的。"

"我是萨曼莎·史密斯，XYZ 银行的客户服务代表。"（顺便说一句，很美的南方口音）

"什么事？"

"你的账户没有汇入。"（Your account didn't post.）

"对不起？"

"你的账户没有汇入。"

"我不明白。"

"你的账户没有汇入。"

"我不知道那是什么意思。"

"你的账户没有汇入！"（她几近咆哮了）

"我听到了，史密斯小姐。我只是不明白你在说什么。"

"我是说，你在 XYZ 银行的账户。没有。汇入（post）。"

"我真的很抱歉，但我不知道'post'是什么意思。我知道博客文章（blog posts），我知道灯柱（light posts），我知道邮件收发时间（post times），我知道宝氏麦片（Post cereals），我甚至知道验尸（post mortems）。但我真不知道一个账户没有'post'是什么意思。"

"哦。我的意思是你的账户中有一笔账单没有汇入欠款。"

"你没有……哦，你是说我付款晚了？噢，我可能忘了付钱了。等等，我去看看……"我点击了几下键盘，"你说得对。我没付账单。我真是太蠢了。你为什么不直接说？我会马上处理的。"

"谢谢您，先生。请问 XYZ 银行客户服务还能为您做些什么吗？"

"不，谢谢。感谢客户服务提醒。我一挂断电话就会处理好的。"我真的处理好了。

你是否与医生交流过病情，而他一直使用你不懂的医学术语——不对称胸廓回流，或者，心脏除颤？

你是否在面对会计时，因为摊销明细表、加速扣除、对账或其他行业术语感到不知所措？你有没有听过别人用俚语说话，或者使用内部语言讲你听不懂的笑话？你有没有和那些说着你不懂的语音的人打过交道？客户服务人员经常会遇到一些困难任务，比如与愤怒的客户交流、解释软件的复杂用法，或者提醒客户没有按时付款；因此，对他们来说，使用简单易懂的语音最为重要，它可以让所有人的生活都变得更加轻松。

如果你还不信，那就做个小实验——找其他国家的英语填字游戏玩玩。即使是最简单的填字游戏，你也几乎不可能完成。因为美语是你的母语，你不是在加拿大、英国、新西兰或印度长大的，你知道填字游戏中的每个单词的意思，但是你不理解其背后的文化背景及线索的意义。不了解客服内部语言的普通客户也是这个样子。

我是几年前从我们的创意总监索伦·蒂勒曼（Soren Thielemann）

身上学到这一点的。他在丹麦长大,大学毕业后搬到了美国。由于索伦来自北欧,他能流利地使用丹麦语、德语和英语,而且他的西班牙语和法语也不错。

索伦给我讲了他的经历,他曾经在欧洲为一家国际广告公司工作,经常被外派到不同国家去制作电视广告。等他跑完了大半个北欧之后,公司又把他派到了瑞典、挪威和荷兰等地。

"你怎么能在挪威制作广告呢?"我怀疑地问道,"你会说挪威语吗?"

"不太会。"索伦回答。"但如果不得不说,我也会一点。"

"你会说瑞典语吗?"

"不会。但我能理解一点。"

我问遍了他曾工作过的国家,但他的回答总是一样。他并不是真的会说这些语言,但他总是能挺过去。

有一天,整个创意部门都在吃午饭,索伦打断了我们的谈话,他说:"我不知道你们在说什么。"

我十分惊讶,他至少能流利地使用三到五种语言,掌握的其他语言也足以让他完成专业工作,而且他的英语流利得就如同我和在座的其他人一样,但他却不理解我们在说什么。

我随后了解到,其实索伦理解了我们所说的话,但他不理解我们用来表达观点的文化背景或术语。从体育术语、词汇缩写,到影视作品中台词、歌词的引用,我们土生土长的人讲的实际上是一种特定文化。无论是童年时代的《周六夜现场》(Saturday Night Live)节目,还是美国历史政治事件,我们使用的信息在让我们更加紧密,同时将他人排除在外。

有趣的是,我的这两个故事对创造有效的"以客户为中心"语言都很重要。

了解客户的文化背景、教育程度,意味着你可以更好地与他们沟通,建立即时的、融洽的、深入的理解。

提及那些对你的客户和你自己都十分重要的事情（还记得劳雷尔和哈代的故事吗），这是一种展示关心及亲和力、建立共识和亲密关系的一种很好的方式。

世界上最真实的品牌

文化引用及行话的恰当使用，可以建立起"一对一"的亲密关系，进而产生强大的客户忠诚度。再配以品牌的自我真实表达，这种联系会变得更加紧密。说明这一点的最佳方式是寻找一个品牌所有者的真实自我与客户的欲望相一致的案例。

在本书中，我们谈到了一些具有强大一致性的品牌。以下是这些强大品牌的代表（包括我们尚未提及的品牌）：苹果、保时捷、宝马、沛纳海（Panerai）、拉尔夫·劳伦、哈雷－戴维森、普锐斯、拉斯维加斯、迈阿密和爱马仕（Hermès）。

但是，我能想到的最真实的品牌案例，就是比尔·奥莱利[1]。是的，我是认真的，比尔·奥莱利。

在我解释我的想法之前，让我发布一个预防性免责声明。我在这里既不宽恕也不谴责奥莱利的政治观点及手段。为了说明真正的品牌价值概念，我已经尽我所能做到个人的、专业上的、政治上的怀疑论者。这里的重点不是评论事实，而是理解原理。你可能大爱奥莱利，也可能十分讨厌他（这两极之间似乎也没有多少中间地带）。但是，请将你的个人观点放在一边，将奥莱利看作是一个将"战略性使用文化语言、清晰表达真实自我，以及精心构建观众关系"的完美结合体。

我两年前曾是《奥莱利因素》（*The O'Reilly Factor*）的嘉宾。该节目的制片人希望能找到两位营销专家就ESPN（娱乐与体育节目电视网）决定不为一家天主教儿童医院播放圣诞主题筹款广告的事件接受奥

---

1. 译者注：比尔·奥莱利（Bill O'Reilly），《奥莱利因素》节目主持人。

莱利的访谈。我和一位朋友、科技／社交媒体天才彼得·尚克曼（Peter Shankman）受邀一起参加了该节目。

奥莱利争辩说，ESPN 的拒绝行为，就是他所说的"美国圣诞节战争"的最佳说明。如果奥莱利真的允许我解释 ESPN 拒绝这个广告的行为，我会告诉他三个因素。

首先，为了不冒犯观众，ESPN 和其他电视网络一样，设置了关于宗教信息的政策。在你下结论之前，请先了解这些信息：大多数美国人不介意基督教的信息，很多人会接受犹太教的信息。那么巴哈教（Baha'i）教义呢？巫术（Wiccan）布道呢？或者飞天面条神教（Pastafarianism）[1]呢？由于这些都是公认的宗教，根据《人权法案》中对言论自由的保障，电视网络只有两个选择：限制所有宗教信息，或者全部不限制。ESPN 只是选择了前者。

其次，ESPN 和其他电视网络一样，有着明确的慈善要求。我不确定，但是我敢打赌，ESPN 的潜在广告商没有填写过 501（c）3 表格[2]，因此电视网络无法确定捐赠的善款是否得到妥善运用。如果广告商没有 501（c）3 资质，然后又滥用了善款，电视网络就会被追究教唆欺诈的罪责。引用 Youtube 红人金伯利·"甜蜜的布朗"·威尔金斯的话："没人有时间这样做。"

最后，如果你看了那则广告，你会看到小男孩戴着外科口罩，口罩上有个大大的红色血渍。这会令你感到不适，没错吧？可以理解，没

---

1. 译者注：Pastafarianism 或 Flying Spaghetti Monsterism，简称 FSM，起源于美国，由美国俄勒冈州立大学物理学士毕业生博比·亨德森（Bobby Henderson）于 2005 年 6 月创立。这些人相信宇宙是由一个会飞行的意大利面条怪物在 "一次严重的酗酒后" 创造的，而这个意大利面条怪就是唯一的真神，所以又被称为 "飞面大神"。这是一种讽刺性的虚构宗教，主要针对某些宗教教派所宣称的智能设计论（生物并非出于进化，而是源自某种超自然智能的设计）。截至 2016 年 2 月，"飞天面条神教"已在丹麦、新西兰获得许可，荷兰政府则将"飞天面条神教"认定为合法宗教。（以上内容来自百度百科）

2. 译者注：501（c）3 为美国非营利组织成立时申请填写的表格。

哪个电视台希望观众为了避免看到血液而切换到其他频道去。

奥莱利是电视中收入最高的人物之一，他比我更了解这些事情。但是，向观众解释这些情况，既不会宣传他的品牌，也不会吸引他的观众。

奥莱利通过过上观众向往的生活，从战略上打造了一个有抱负的品牌。他的目标观众群体是那些心怀不满的、曾经是中产阶级、普通市场的消费者。技术泛滥、少数族裔权利增加、低迷的经济现实，以及年龄增长侵蚀已有生活方式，这些都令他们感到愤怒与不满。因此，奥莱利巧妙地编造了危机，比如"圣诞节战争"，以迎合目标观众们。他先是激怒观众，然后提供节目嘉宾供观众们宣泄愤怒。通过这种简单的方式，奥莱利击败了大部分富裕的、衣着讲究的、受过良好教育的、或许是少数群体的节目嘉宾，因为他的观众想打败这些人，却做不到。

通过这种方式，奥莱利完美地将真实的自己与观众最深的欲望结合在一起，并创建了电视上最真实、最专业的品牌之一。

令人钦佩？也许不会。

学习并且复制？绝对可以。

不管你对他的行为有何看法，剥离奥莱利的仇恨心理，你会发现他的品牌有很多值得学习和效仿的地方。

通过清晰、明确地使用你的客户语言，可以与他们建立强大联系。通过你真实表达他们的希望和向往，可以让这种联系更加强大。

当然，奥莱利不是唯一一个使用负面强化来与消费者建立全面关系的个人或公司。事实证明，恐惧一直是联系和控制的绝佳工具。

利用恐惧心理的营销

澳大利亚 SAMS 公司一直致力特殊潜水服的设计与生产，以减轻人们对鲨鱼袭击的恐惧。

SAMS（Shark Attack Mitigation Systems，鲨鱼攻击减缓系统的缩写）

说，他们优化过的设计可以有效地保护潜水者。该公司雇用的科学家解释说鲨鱼是全色盲，因此，设计人员选择了他们认为能够伪装潜水者、阻退鲨鱼的图案。

此外，设计人员还研究了鲨鱼不喜欢吃海蛇的理论，并以此创造了类似海蛇的图案设计。但这种设计的实用性值得怀疑，因为科学家们承认这种说法只是传闻。更重要的是，鲨鱼会让猎物处在自己的侧线[1]上，这是一组沿身体横向排列的感觉感受器，可以识别猎物产生的振动。

这些让我很想知道，为什么保护潜水者不受鲨鱼的侵害是一个如此重要的课题。毕竟，虽然鲨鱼袭击的后果十分可怕，但这种袭击每年只会造成 4 或 5 人死亡——在全世界范围内。

每年因为鲨鱼袭击，在整个地球上有四五人死亡——这比你能想象到的任何死因都要少。

仅 2012 年，全世界就有 740 万人死于心脏病，670 万人死于中风，150 万人死于糖尿病。对比这些数字，人们不得不怀疑，为什么每年只有 4 到 5 人死亡的情况却有如此多的兴趣和如此大的投资？

对于这些设计能否有效保护人类，我更关心的是其市场销售情况。相较而言，SAMS 不是出于保护人们免受鲨鱼袭击的目的投入所有资金；他希望从人们的恐惧中获利。

好吧，也许你并不潜水。你最接近鲨鱼的情况可能就是隔着水族馆的玻璃看看它们，或者观看电影《海底总动员》。那么你为什么要在乎？因为营销者和政客们会利用莫须有的恐惧来向你推销商品和服务。

与恐怖袭击一样可怕的是，恐怖袭击只是杀死了数量有限的美国人，但它制造的恐惧却是惊人的。

更糟糕的是，潜在的恐怖袭击可能已经成为政客们重要砝码，用以抓住被恐惧吞噬的民众们的心灵，以及他们的选票。

制药公司也会通过某些疾病售卖它们的产品，虽然这些病症通过饮

---

1. 译者注：侧线是指皮肤感觉器官中最高度分化的构造，呈沟状或管状。是鱼类和水生两栖类所特有的感觉器官。（以上内容来自百度百科）

食和增强锻炼就能很好地解决。

营销者利用的不只是死亡的恐惧。联邦快递的"绝对、肯定一夜到达"这样看似无伤大雅的口号,触发了人们对错过期限的恐惧。伊卡璐的"她是……还是不是?"[1]的广告语,利用了女性害怕被他人知道自己染发的心理。无论是"银屑病的心碎"还是"永远不要让他们看到你的汗水",都利用了我们对身体问题的恐惧。即使是伟哥(Viagra)说明书中(尽管很少读到)的"如果你的勃起时间超过4个小时",也可以被视为营销恐惧——害怕因持续勃起症造成的痛苦(但是我必须说,这实际上是对该产品功能的夸耀)。

产品能卖出去,不是因为它们能做什么,而是它们让消费者感觉如何。虽然人们普遍认为美好的感觉会让商品更加畅销,但实际上基于恐怖心理的营销活动更胜一筹。

每隔四年,你就会看到许多总统候选人利用毫无根据的恐惧来吸引你的注意,让你给他们投票。我担心他们已经在水中搅入太多的血液,越来越难弄清楚到底谁才是真正危险的鲨鱼。这需要更多的教育和意识,来保护我们免受他们的攻击,而不仅仅是靠SAMS的服装。

危险的气味会让一群羚羊越过高高的草丛飞奔,响亮的声音会让电线上的雏鸟四散而逃,这些言论也是一样,它们会激起民众们的恐惧,乖乖按总统候选人或者政客们的安排行事;它们也能激励消费者按照制造商和广告商的安排进行购买。

但是,无论是增加消费者与品牌的联系,还是散播焦虑与恐惧,这些都是有效且常用的增加品牌凝聚力、刺激产出的实用方法。问题是,你更愿意用哪种方法来打造自己的品牌形象?

下一章将向你展示如何以最强大、最积极的方式实现这一点。

---

1. 译者注:伊卡璐20世纪50年代后期推出一位形象健康的年轻模特,并配以广告语"Does she...or doesn't she? Only her hairdresser knows for sure",意思是她染发还是没染发,只有她的发型师知道(指染发效果自然),成功引起广大女性用户注意,该广告也成为经典广告案例之一。

All About Them

第七章

激励客户行动：
关注客户情感诉求

响尾蛇

一个小女孩在结霜的森林小径上走着,这时她听到了求救的声音。

她看了看,周围没有人。然后低头一看,终于发现一条响尾蛇盘踞在身旁的地上。蛇哀怨地看着她,发出微弱的嘶嘶声:"救救我。"

"救你?"小女孩问,"我为什么要救你?你是一条肮脏的毒蛇。你只想咬我一口。"

"不,"蛇嘶嘶地说,"我是一条神奇的响尾蛇。如果你救了我,我会满足你的任何愿望。外面很冷,我是冷血的,如果我不快点暖和起来,我肯定会死的。"

"我怎么才能救你呢?"小女孩问。

蛇嘶嘶地说:"把我放进你的夹克里就行了。你的体温会让我暖和起来,我可以满足你的愿望。你不必担心我咬你,因为如果我这么做,你的身体就会变冷,我也会冻死。"

小女孩照它说的做了。她捡起冰冻的蛇,将它塞进毛衣里,让后拉上了夹克衫。响尾蛇的冰冷身体紧紧地贴在小女孩温暖的皮肤上。

过了几分钟,小女孩感到蛇开始蠕动起来。不久,响尾蛇就暖和了过来,开始盘绕着她的腰。蛇的动作咯咯作响,小女孩也咯咯地笑起来。

忽然间,小女孩感到一阵剧痛。她拉开外套的拉链,掀起毛衣,发现蛇的尖牙深深地扎进了她的肋下。

"你做了什么?"小女孩惊恐地喊道,"你承诺过不会咬我的。现在我要死了,我一死,身体就会变得冰冷,你也会冻死。你为什么要这么做?"

"你为什么感到惊讶?"蛇回答道,"你遇到我的时候,就知道我是什么。"

发现品牌价值

我们生活在一个不知不觉就会发生巨大变化的现代世界中,这些变化如此迅速、深刻、全面,以至于许多人仍在恍惚迷糊之中,不理解为什么我们的旧习惯不再管用。正如我们看到的,许多曾经风光一时的行业和技术已经日落西山,风光不再。

大衰退时期[1],如果你是一位收入丰厚却刚刚被解雇的中层经理,你可能会发现你曾面试过的职位,现在已经消失不见。

多亏了科技的发展,许多公司可以生产出相当质量的产品,不管它们身处世界哪个地方。如果你一直以产品的功能或性能为卖点,那么你现在应该明白为什么销售会下滑,或者已经跌至谷底了。

由于互联网的普及和更快的递送服务,消费者可以随时随地购买他们想要的任何东西。如果你是一家依赖于步行流量的实体企业,你可能开始意识到,你的店铺只是客户们上网购买前的商品展示厅和体验间。

如果你经历以上情况,你可能很想知道如何创建或重建你的生意。正如之前所说,答案很简单:好的品牌会让人感觉良好,伟大的品牌会让消费者对自己感觉良好。消费者希望品牌能够兑现他们的承诺,同时也提供良好的正面体验。

以哈雷-戴维森为例,其高级副总裁兼首席营销官陆马克就哈雷第一辆电动摩托车接受《纽约时报》访问时说:"要成为真正的哈雷……它必须酷。必须让你觉得自己很重要。"当问及技术细节时,陆马克补

---

1. 译者注:Great Recession,大衰退是一场在2007年8月9日开始浮现的金融危机引发的经济衰退。自次级房屋信贷危机爆发后,投资者开始对按揭证券的价值失去信心,引发流动性危机。(以上内容来自百度百科)

充道:"我们还没有进入规格战争。关键是你骑着它感觉如何。"

创造这种感觉的方法是提供你的企业的真实本质。哈雷品牌的核心不是一个浮夸的、面向所有人群的通用设备制造商;它是使用皮革、橡胶和铬合金精细制作的设备对公司简单真实品味的表达。哈雷顾客对哈雷期冀的,就如同工程师对特斯拉,音乐家对E街乐队(E-Street Band),大厨对装满新鲜食材的卡车,软件工程师对Adobe,运动员对美国足球队,飞行员对蓝天使飞行队(Blue Angels)一样,他们想要的是真实。

如果它只是另一种通用产品,消费者可能会也可能不会大费周折地去买它,可能会也可能不会为它掏更多的钱。如果网上买不到,消费者很可能就会放弃。但是,像哈雷这样的产品或服务售价更高,同时还要求消费者努力去购买(沿着小巷排队长时间等候,等等)。

幸运的是,你品牌的真实已经存在。就像你享受的清晨阳光一样,你的真实已经存在,只是隐藏在显而易见的地方。你只需要想办法发现它、发展它,其余的就都很简单了。

当品牌面对危机

这个星球上的每个人都知道大众的麻烦。很简单,大众故意并恶意地在其"智能柴油"汽车上安装了软件,向各个国家的政府部门提供虚假的排放数据。据估计,大众柴油发动机的污染水平是美国政府规定允许值的40倍——不是2倍,不是3倍,是40倍!

如果你认为大众汽车被搞砸了,你是对的。在撰写这本书时,该公司的损失已经超过了180亿美元,而这只是冰山一角。但是不要认为这家世界上最大的汽车公司已经彻底完蛋。毕竟黑暗中也总会有一丝光明,大众也可以把这次惨痛教训转换为巨大机遇。

首先,让我们来看看为什么大众会遇到这样的问题。毕竟,丰田、奥迪(Audi)、通用(GM)、本田和其他汽车公司都遭遇过灾难性的公共事件，但最后它们都强势回归。但这次不一样，其他公司的问题都是因为愚蠢犯的错误，而大众汽车的问题并不是由失误引起的，是它故意误导监管机构。这不是偶然的失误，而是蓄意犯下的罪行。

在一个完美的世界里，大众将是推动智能柴油技术的完美公司。多年来快乐的小车辆，如甲壳虫（Beetle）、微型巴士（Microbus）、兔子（Rabbit）、高尔夫（Golf）和Eos，已经建立并证实该品牌的定位。大众汽车是温暖的、友好的、值得信赖的。显然，大众汽车的罪行背叛了这种信任。

更糟糕的是，被欺骗的大众汽车所有者感到特别委屈，因为他们认为自己在拯救世界。现在他们知道皇帝真的没有穿衣服，他们知道自己一直在毒害大气，他们向天空排放的污染物比想象的要多40倍。

那么，这些怎么可能对大众有好处呢？

一旦烟雾清除，大众公司清理了房子，解决了眼前的问题，它就有机会做一些大事。与其偷偷溜到角落，寄希望于没有人记得自己的罪行（顺便说一句，消费者的记忆很短），还不如动用大量资金、工程师和跨国设施，在绿色革命中发挥引领作用，致力于真正的环保汽车创造。

除了拯救公司，这一战略还将帮助大众——俗称"德国公司"——为整个国家挽回面子。

当然，适当地、有战略地推广这一新的品牌价值，是大众公司复兴的重要一步。但在此之前，大众必须开创一条新的道路，这条路不仅将有助于消除已经受到的损害，而且还能为公司重新吸引顾客，为公司、国家和世界各地的粉丝树立新的使命感和自豪感。

这一过程不会便宜、不会很迅速，也不会很容易。但是这种品牌急救可以为大众提供一个机会，不仅赢得全世界的原谅，而且迅速复兴腾飞。

大众汽车的真相让它的问题更加严重，但也可以成为它的救星。

推广你的品牌价值

为了与其他快餐店竞争，塔可钟推出了它的1美元菜单，包括11种售价1美元的商品。为了扩大新定价的影响力，塔可钟发起了"永恒1美元"活动，多达11名获奖者可以赢得塔可钟连锁店的终身免费权（至少价值1万美元），条件是要找到有特殊序号的美元。

尽管此次促销活动的获胜概率约为24亿比1（与获得塔可钟终身免费权相比，你被闪电击中两次的概率更大一些），但这一活动在社交媒体上得到了大力推广，为公司带来了极佳的效果，因为这个活动符合塔可钟的价值。

你看，虽然你可能认为塔可钟卖的是墨西哥菜，或者至少是墨西哥快餐，但这已经不再是这个品牌的价值。塔可钟可能会用墨西哥快餐换钱，但它真正的品牌精髓是用少量的钱填满顾客的肚子———次只需1美元。这是塔可钟的价值。

了解客户需求

我几乎从没有在飞机上会谈过，我猜是我的耳机和打开的笔记本电脑阻碍了交谈的可能。但是我的好朋友鲍勃·伯科威茨（Bob Berkowitz）是多视点视频（Multivision Video）的首席执行官，他经常在飞机上与重要人物会谈。他相信美国航空公司（American Airlines）的升舱服务物有所值，因为他在商务舱里的邻座总是会成为他的客户。

几年前，鲍勃坐在汤姆·莫纳汉旁边。鲍勃说，当他意识到自己的邻座是达美乐比萨巨头时（Domino's Pizza），他主动搭话道："我喜欢你的比萨，它是我的最爱。"汤姆看了他一会儿，然后礼貌地表示不同意，指出达美乐肯定不是鲍勃的最爱。相反，他说在鲍勃的社区里有一些小比萨饼店，那里的食品更好。汤姆说："或许你会喜欢它们新鲜的马苏里拉奶酪，或者它们的酥皮、肉丸，但是它们的比萨一定令你满意。"

现在，鲍勃有很多身份——有创新精神的商人、聪明的网络工作者、见多识广的技术达人、闪电般速度的摩尔斯密码操作员，很棒的父亲和大哥，以及各种意义上的好人能人，但他不是美食家。毕竟，达美乐很可能是鲍勃最喜欢的比萨。但是莫纳汉不知道这些，接着解释说：

你看，我们做的实际上不是比萨饼生意。我们做的是"学校晚上7点，我又不想做饭"的生意；我们做的是"哥们已经过来看比赛，但是冰箱里没有东西可以吃"的生意；我们做的是"明天是双胞胎的生日派对，而我已经连续工作一星期，没有任何时间去商店"的生意。我们的比萨饼不一定是最好的；但它必须是你在三十分钟或更短的时间内就能得到的最好的热食。

不然你认为我们提供"三十分钟送达，否则免费"的促销活动？如果送达时间超过30分钟，你可以有很多其他选择：用微波炉加热冷冻比萨；打电话给更近的本地比萨店；或者开车去任何一家快餐店。但如果你要在30分钟或者更短时间内填上一堆人的嘴，我们是最佳选择。

谁知道呢？

但是如果汤姆·莫纳汉知道他做的不是比萨饼生意，难道你不想知道你在做什么生意吗？必胜客（Pizza Hut）就知道。

必胜客认为，大家都是卖比萨饼的，它也可以进入免费比萨送货业务，就像达美乐一样。但是，据维基百科（Wikipedia）所说，到了1999年，在提供免费送货业务一段时间后，必胜客发现它可以在下属的达拉斯－福特沃斯餐厅（Dallas–Fort Worth Restaurants）加收50美分的外送费。到了2001年，95%的必胜客直营餐厅与一小部分的特许经营餐厅都开始收取50美分的外送费。为什么会这样？如果达美乐承诺"30分钟送达或免费"，那么必胜客怎么敢收取额外的外送费呢？原来，必胜客发现，它的业务与达美乐的并不相同，它的客户愿意为额外的服务支付额外的费用。

达美乐比萨也用食物换钱，但它的品牌价值是：承诺在30分钟内提供一个可接受的解决方案。它解决的是什么问题？孩子们饿了；我的朋友们过来看比赛；已经很晚了，我不想做饭；我们需要更多的食物来举办生日聚会。这就是达美乐的生意。

那你是做什么生意的？什么是真实的你，让你能吸引你的客户，把你与你的竞争对手区分开？

我们说过很多次，人们不会选择你做什么，而是会选择你是谁。如果你做的是客户可能会需要或者寻找的功能性解决方案，这只是你用来换钱的东西，但这并不是人们和你及你的品牌做生意的原因。

当你身处抵押贷款市场时，你如何选择你的生意对象？如果你提供了合适的抵押品，并且愿意支付现行的利率，你可以从许多银行、信用合作社、金融公司等机构获得资金。那么，你为什么决定与一个机构做生意，而不是其他机构呢？

假设你是一名公共演说家，你的工作就是站在一大群人面前，在娱乐他们的同时进行你专业领域的教育。你的客户是会议策划人、活动协调员，以及为不同会议活动聘请演讲者的经理人。为了完成你的工作任务，你写了一篇很棒的演讲稿，准备了一组引人注目的幻灯片，然后练习练习再练习，直到你确信自己表现完美。然后你创建网站，制作小册子和其他营销材料，告诉你的潜在客户，如果他们的议程有55分钟的空白，你就是最适合填补这块空白的人选。

听起来是个好策略，对吧？麻烦的是，还有成千上万的其他演讲者，他们提供与你相同的东西。有的比你贵，有的比你便宜，有些更好，有些更糟。客户只有一个小时的需求，却拥有太多的服务提供者可以雇佣。可悲的是，不管你是多么的有趣、迷人和博学，他们挑选你的概率并不高。

但如果你的潜在客户想要盖伊·川崎（Guy Kawasaki）、比尔·克林顿、在哈德逊河降落飞机的飞行员或者世界顶尖整形手术专家，那些比你资历老的演讲者不行，你也一样。

因此，真正的问题是，如何才能提高你的品牌资产，占据客户的大脑？

最重要的方法之一是，准确地了解客户愿意购买的内容，而不是你的功能。他们在寻找你的价值——你提供的真实的、内在的、不可复制的、他们在其他地方找不到的价值与利益。

进行准确定位

我们讨论了功能；我们讨论了激情，我们讨论了技能、知识和天赋。我们甚至谈到了如何成为这个世界正在寻找的、拥有超意识版本的自我。

但除了这些，你到底是谁？

美国幽默作家马克·吐温（Mark Twain）说过："你一生中最重要的两天，是你出生的那一天，和你找出原因的那一天。"理解（和利用）你的真实就是来自这句话。了解你是谁（或者你的公司是什么）是了解和提升你的价值的关键。

沃尔沃（Volvo）＝安全
比尔·克林顿＝魅力
联邦快递＝神安气定
特蕾莎修女（Mother Teresa）＝恻隐之心
哈雷-戴维森＝粗犷的个人主义
马丁·路德·金（Martin Luther King）＝民权
通用电气（General Electric）＝创新
甘地（Gandhi）＝非暴力不合作

Brunello Cucinelli[1]＝优雅的手工技艺

阿尔伯特·爱因斯坦（Albert Einstein）＝天才

耐克＝极限的运动表现

罗纳德·里根（Ronald Reagan）＝希望

如果要你用一两个词来描述你自己或你的公司，会是什么？

找出你自己的真实形象并将它应用于你的生活，这可能有些困难，但它是建立你的品牌价值的关键。此外，只有当你清楚地知道自己的品牌代表什么，你才能将品牌定位从以公司为中心转向以客户为中心，并引入相应的营销策略。

此外还有一个重要的原因，这是个简单的事实：不管你是否为找到你的品牌价值承担责任，你的品牌都会被创建。

从这个角度看，了解你自己的真实，创造你自己的"以客户为中心"品牌并不仅仅是营销冷门或者解决了第一世界问题。要想在当今这个高度互通互联的世界取得成功，这是最基本、最关键的品牌营销要求。

尽管政治营销的主要理念之一就是：候选人必须在竞争对手或媒体之前对自己进行定义。但在公众眼中，并不是每个人都做好了准备。

你知道阿尔·戈尔（Al Gore）[2]从来没说过"我发明了互联网"吗？戈尔在《CNN最新版本》（*CNN's Late Edition*）节目中接受沃尔夫·布利策（Wolf Blitzer）采访时说："在我为美国国会服务期间，我倡导并创建了互联网。我积极推进的一系列措施，已证明对国家的经济增长、环境保护和教育制度改善具有重要意义。"

你可以将这一声明解读为他对自己责任的解释，你也可以登录谣言

---

1. 译者注：Brunello Cucinelli 来自意大利的世界顶级奢侈品牌，被誉为低调奢华的"山羊绒之王"和"服装界真正的奢侈品"。（内容来自百度百科）

2. 译者注：艾伯特·戈尔（Albert Arnold Gore Jr., 一般称为阿尔·戈尔），1948年3月31日出生于华盛顿。美国政治家，曾于1993—2001年担任副总统。他主张推动"信息高速公路"的发展，把美国各大学的实验室、政府部门、商业单位和个人计算机连接起来，促进科研的发展和应用。（以上内容来自搜狗百科）

破解网站 snopes.com，该网站对这一事件的说明是：戈尔"并没有声称他在设计或实施的层面上'发明'了互联网，他只是负责在经济和立法上促进我们现在称为的互联网技术的发展"。

不管戈尔到底说了什么（或意思是什么），不管你怎么看，伤害都已经发生了：人们普遍认为戈尔说了"我发明了互联网"。为什么？因为感知就是现实，而自然厌恶真空。如果你还没有对自我进行定义，别人就会帮你。

你知道萨拉·佩林（Sarah Palin）[1]从来没说过"我能从我的房子里看到俄罗斯"吗？实际上是蒂娜·菲（Tina Fey）在《周六夜现场》(*Saturday Night Live*) 节目中对佩林的拙劣模仿让这句话家喻户晓。佩林的确说过可以从美国看到俄罗斯，这在技术上是正确的，因为白令海峡足够狭小，两岸陆地距离并不远。但不管事实如何，在佩林短暂的政治生涯中，"我可以从我的房子里看到俄罗斯"这愚蠢言论一直困扰着她。

传奇美式足球主教练乔·帕特诺（Joe Paterno）从1966年到2011年一直执教于宾夕法尼亚州立大学尼塔尼雄狮队（Penn State Nittany Lions）。2007年，他被选入大学足球名人堂；2011年，他赢得了第409场比赛，成为美式足球甲级（Division I）大学队历史上最成功的教练。对于住在大学公园（University Park）或宾夕法尼亚州立大学的人来说，他是一个几乎具有宗教意义般的精神存在。

2011年11月4日，一份大陪审团报告指控帕特诺的前防线教练杰里·桑杜斯基（Jerry Sandusky）性侵犯了8个男孩。一个月后，受害者人数上升到10人。2012年6月22日，桑杜斯基被判48项罪名中45项成立，2012年10月9日，他被判处30～60年的监禁。

在几年后，调查公司威尔逊·帕金斯·艾伦观点（Wilson Perkins Allen Opinion）对1000多名成年人进行了一项调查。令人惊讶的是，

---

1. 译者注：萨拉·路易丝·希思·佩林（Sarah Heath Palin，1964年2月11日—），美国记者、政治人物，美国共和党籍，生于爱达荷州桑德波因特，曾任阿拉斯加州州长（2006年至2009年）。（以上内容来自百度百科）

只有55%的美国人知道宾夕法尼亚州立大学的主教练乔·帕特诺没有被指控猥亵儿童，仍有45%的人认为帕特诺就是性侵者。

这时，帕特诺已经被免除主教练职务，并死于肺癌并发症。但真相在当事人死后根本不重要。感知是现实，帕特诺的名声永远被玷污。

在市场营销的世界里，"感知就是现实"是一种普遍现实。也就是说，人们的感知确立了他们的现实。例如，如果我们相信星巴克咖啡比其他没名气的咖啡要好，那么它就会更好。我们会想方设法找到星巴克，并为此付出更多的钱，尽管我们真的很难知道星巴克的咖啡是否真的更好。

如果我们相信沃尔沃比我们负担得起的其他汽车更安全，那么它就是——至少在展厅里是这样。我们会为它提供的感知价值——更好的保护，支付更多的钱。当然，调查人员会在事故发生后判断汽车是否真的安全，但那也是在产品被购买很久后的事情了。

1897年，马克·吐温出版了《赤道旅行记》（*Following the Equator: A Journey Around the World*），这是我最喜欢的书。他在书中写道，"现实比小说更离奇，这是因为小说必须要有合理性；现实却不是。"或者，如拜伦勋爵（Lord Byron）在《唐璜》（*Don Juan*）中所写的："这虽然奇怪，但却是事实；现实总是很离奇，比小说还离奇。"

现实可能比小说更离奇，但通常情况下，小说比事实更有趣、更刺激、更可复制，而且更有说服力。那些不接受这种"品牌与感知"现实的人，自己就会承担风险，因为感知就是现实。

不信的话，问问阿尔·戈尔、萨拉·佩林或乔·帕特诺。

一旦你弄清楚了你是谁、你代表了什么，下一个步骤就是传达你的身份信息。但是，仅仅传播你的信息无法有效与客户建立联系。因此，我们需要将你的信息转化为"以客户为中心"的信息，让你的潜在客户与你产生共鸣。

此外，同样重要的是，你要以一种激励客户行动的方式来传达你的信息，而不是浪费时间告诉他们已经知道或者毫不关心的事情。要做到这一点，你就要让他们从需要转换为想要，从为什么转换为如何做。

消费者想要什么？

几年前，我试图弄清楚为什么我们的广告公司不是那么成功。经过一番反省之后，我终于意识到，我们一直在试图出售客户并不感兴趣的东西。

我们试图销售更好的设计作品，但他们想买的是更好的销售业绩。当然，具体情况比这要复杂一些，但整体而言，这就是买卖双方的断点。

现在我明白了，我们的客户不是雇佣米开朗基罗粉刷西斯廷教堂天花板的美第奇家族，他们不是艺术的赞助者。相反，他们希望我们做的结果很明确：增加销售收入。当然，他们欢迎我们通过精心制造的品牌创意娱乐大众，但最终我们需要解决他们面临的现实问题，并帮助他们销售产品。

有趣的是，随着业务的发展，我们不断改进工作方法——使用更先进的技术、更有才华的从业者、更复杂的电脑程序——但我们提供的核心服务却变得越来越简单。

换句话说，我们的工作就是将需要转化为想要，将为什么转化为如何做。

从需要到想要

你需要一台笔记本电脑来做家庭作业；你想要一台苹果的MacBook。

你早上上班需要一辆车；你想要辆宝马。

你需要一件毛衣来保暖；你想要一件香奈儿毛衣。

你需要一台冰箱来保持食物新鲜；你想要一台萨博（Sub-Zero）冰箱。

你需要一块手表来看时间；你想要一块百达翡丽（Patek Philippe）。

不断发展的技术给人类带来的最大挑战之一是，它所提供的丰富产品和服务，以及它所创造的商品化。过去完全由发达国家的先进公司和专业人员生产的产品和服务，现在已经供过于求，因为计算机让全世界任何地区的公司都可以很容易地生产和销售这些东西。虽然不同国家和公司的产品在质量上曾经有很大的差异，但计算机再次弥补了这些差距。

过去，以消费者需求为基础的行业风光一时，但现在已不是这样。如果我住在北方寒冷的地方，我需要温暖，那么许多热带海滩都可以让我摆脱困境。但是，这创造了热带旅游目的地之间的竞争局面，使得度假成本稳步下降。也许对旅行者来说是好事，但对那些为他们服务的酒店和娱乐场所来说，就不是那么好了。

如果你要去参加宴会活动，需要一双新的银色高跟鞋来搭配你的礼服，那么大多数卖正装鞋的品牌都能解决你的问题。如果你对一双鞋的外表、合脚度和价格都满意，你就不会太在意你买的是什么牌子的。当然，我们已经知道，功能只是进入成本，并不能创造品牌忠诚度、专业差异化或建立品牌价值，精明的读者会注意到这三个属性都属于品牌的功能。这种对需求的依赖会引发竞争，进而压低售价。

但如果你是时尚弄潮儿，想要一双周仰杰（Jimmy Choo）或鲁布托（Louboutin）的高跟鞋，那它们高得离谱的价格似乎是完全可以理解和接受的。毕竟，你想要的只有这个品牌的鞋，其他任何东西都无法满足你。高昂的价格甚至会增加你的欲望，因为它们暗示着高质量、排他性和独特性，就像顾客要在乔的石蟹餐厅门口经历漫长的等待，这种情况反而显著增加了餐厅的感知价值。

这是什么原因呢？消费者感知，又称品牌价值。正是对品牌价值的感知，让苹果 iPad 的价值超过了韩国生产的无名平板电脑，让星巴克咖啡的价值超过了旁边店铺出售的饮料。苹果的 iPad 和星巴克的卡布奇诺真的会更好吗？这取决于你需要什么。但产品的区别无关紧要；对品牌的渴望（想要）使产品更有价值。

当然，制造业翻天覆地的变化以及由此导致的商品过剩，还是相对较新的现象。过去，以需求为主导的行业占据了市场主导地位，很多公司仅仅依靠生产质量良好、可靠的产品，就建立了自己的品牌和声望。

1980年，零售公司西尔斯（Sears）告诉世界，它是"销售价值的美国商店"（America shops for value），它卖给工匠的工具承诺终身使用，Toughskin牛仔裤承诺可以承受你的孩子扔出的所有食物。但随着销量不断下降，西尔斯意识到，销售产品不能仅仅吹嘘它们的耐用性。为了与衰落作斗争，它在20世纪90年代推出了"西尔斯的柔软一面"广告活动，表明西尔斯不仅有男女通用的产品，而且还有一整套以时尚为导向的产品，比如内衣——超出了它之前宣传的韧性与耐久度范围。甚至它的竞争对手凯马特（Kmart）也跳上了时代的马车，通过"聪明人去凯马特"（There's smart, and there's Kmart smart）的广告语表示去它家商店的顾客更精明。

不幸的是，这两项广告活动都没有引起消费者对两家公司真实的共鸣，也没有让两家公司显著改善其购物体验。虽然双方都在谈论如何与消费者建立牢固的情感联系，但这两家商店的消费者从产品到服务都没有找到支持这一承诺的东西。这两家公司都没有将它们的信息与品牌价值保持一致，这严重地损害了它们的品牌价值。西尔斯失去了坚韧耐久的品牌，凯马特失去了低价的声誉，但都没有用更有吸引力的属性填补上。引用广告界偶像大卫·奥格威（David Ogilvy）的话来说："没有什么比好广告扼杀坏产品的速度更快。"

但是，公司可以通过理解"需要"和"想要"之间的差异而受益。制药公司就是一个很好的例子，它们通过操纵这种区别来获得市场优势。具有相同化学成分的药物，大型制药公司的产品就要比其他公司的高出许多。通常，昂贵的品牌产品和仿制便宜货在药房货架上紧挨着。有些购物者明白，这些产品在化学成分上是相同的，这意味着它们的功能也完全一样，所以他们选择了价格较低的产品。但是，80%以上售出药品都是知名品牌，这意味着超过四分之三的消费者愿意为药瓶上的附加品牌支付额外费用。尽管有充足证据表明，这些产品的功效没有差别。换句话说，这些消费者已经从"需要"（对药物的治疗效果）转移到"想要"（对品牌的情感反应）。更重要的是，这说明与省钱相比，消费者更看重"想要"。

发现商业契机

每次我去圣胡安国际机场坐飞机时，我最喜欢的"PR 擦鞋企业家"都会在那里，挥手招呼着匆忙的旅人。

我非常喜欢在他的椅子上度过的那五分钟，以至于我去波多黎各拜访客户时，特意穿了一双需要打理的鞋。这样我可以奖励一下他的创业精神，在客户面前也能显得更加精神漂亮。

但在上次的旅行中，我的 PR 擦鞋匠给我上了一堂宝贵的课，让我知道如何使用很少的额外工作显著扩展服务与收入。

当我享受擦鞋时，擦鞋匠伸出手来看着我，问道："¿Y su cinta?"（"你的腰带？"）

我不假思索地解下腰带，递给他。他拿着我的腰带擦了又擦，效果很好，然后又用一个噪音很大的吹风机吹干，最后还给我。这让我比平时多花了 7 美元。

我的重点是什么？他不仅在我身上赚的钱翻了一番，我还要感谢他的体贴服务。直到我写到本章，我才意识到他让我从"为什么"转变为了"如何做"。他没必要解释我为什么要擦亮腰带。他的问题"¿Y su cinta?"简单地告诉我如何更好地享受这五分钟，以及如何看起来更得体。

聪明的餐厅经营者就精通这一理念，他们会在不增加库存和成本的情况下，添加新的菜品，例如，中国和墨西哥餐馆精通如何用相同的老原料制作新菜品，给顾客更多回头的理由。

信息专业人士也在忙着通过重新调整博客、书籍、网站、视频博客、音频访谈等等数字内容来增加他们的产品。为了满足这一需求，软件开发人员不断地开发新应用，如 Snapchat、Vine 和 Periscope。

你的企业能够通过哪些方式，在不需要额外库存和技能的情况下，增加顾客满意度和公司收入呢？仔细想想——你已经做了什么，你怎么能把客户从"为什么"转移到"如何做"上。这应该可以帮助你寻找到发展业务的机会。讽刺的是，你会发现这些机会大多已经存在；你只是没有意识到它们。换句话说，它们就隐藏在显而易见的地方。

寻找尚未解决的问题

向你的客户询问他们想要什么，通常来讲并不是一个发现隐藏机会的好方法。当被问到为 iPad 推出做了多少市场调查时，史蒂夫·乔布斯回答道："没有。知道他们想要什么并不是消费者的工作。"

相反，你要寻找那些没有解决的问题，没有被抓到的痒处，没有被提出的解决方案。这与流行的答案相反，你要试着回答一个没有被问到的问题，因为这往往才是宝藏的藏身之处。

证据你已经看过了：虽然我经常去擦鞋，而且几乎总是系着腰带，但我从来没意识到腰带也需要抛光。直到我最喜欢的 PR 擦鞋匠向我推荐这一服务。实际上，我从没见过另外的擦鞋匠建议我抛光腰带或者公文包。

说到"隐藏在显而易见的地方"，当我开始写这一章时，我认为 PR 擦鞋匠中的"PR"代表波多黎各（Puerto Rico），但现在我意识到它也可以代表公共关系（public relations）。通过公众不知道却又想要的东西来取悦他们，你可以建立更好的客户关系。如果它只使用很少的资源就帮助你赚了很多钱，那么 PR 还可以代表获利收入（profitable revenue）。无论 PR 是什么，这一切都来自于从"需要"到"想要"的简单转变。

我想让你观看一段 YouTube 视频。在里面你会看到两队孩子玩篮球，一队穿白色球衣，一队穿黑色球衣。当你看视频的时候，要非常、非常小心地计算白队传球次数。

我知道，即使我提供了视频链接，你也不会去看。如果你对我说的内容还感兴趣，多半也会先看看后面我对视频的解释描述，然后再回来观看视频。不管怎么说，你很可能并不想从温暖舒适的椅子上站起来，去打开电脑。但是请不要错过这次机会。想要真正理解我的观点，请先看完这90秒的视频。记住，你的任务是数清楚白队的传球次数。

准备好了吗？只需将此链接复制或键入到你的浏览器地址栏中，就可以查看视频：https://www.youtube.com/watch?v=vJG698U2Mvo/

我的好朋友《先别急着吃棉花糖》（*Eat the Marshmallow——Yet!*）的作者，已故的乔辛·迪·波沙达（Joachim De Posada）是第一个向我展示这个视频的。我被看到的内容惊呆了。当乔辛的演讲结束后，我又让他放了一遍视频，因为我无法相信我刚刚看到的（更准确地说，是看不到）。

（剧透警告：如果你还没有看过视频，现在就去看，然后再读下去。）

你算上失误了吗？你知道白队一共传了多少次球吗？你真的确定吗？好吧，现在请回答我：你看到穿着大猩猩服装的人走过现场了吗？很难相信你会错过一个穿着毛茸茸的大猩猩服装的家伙，不是吗？

你能相信吗？你忙着数数，连大猩猩都没看见。但大猩猩走得并不快，它甚至在房间中央停下来猛击它的胸部。再次观看这个视频，你会感到惊讶的。

电影制片人称这种现象为"看不见的大猩猩"。魔术师称之为误导。而最好的幻术师会让你的目光一直跟随着他的手指或围巾，同时在你看不见的地方搞着小动作。

但在日常生活中，这种情况也会发生吗？想象一下，我们每天会错过多少东西，因为我们正忙着盯住一两件不眨眼。

也许我们因为忙着看比赛而没看到孩子们的微笑；也许我们因为忙着发短信而没有看到美丽的日落；也许我们并没有享受我们已经拥有的，因为我们在忙着追逐我们没有的。

就像联邦快递标志中间的白色箭头一样，每天都有大量的、有意义的东西隐藏在显而易见的地方。

等等，你从没见过那个箭头？这怎么可能？你至少见过联邦快递的标志一百万次了。你今天至少看见过一次，就在你办公室附近的卡车上，或者手旁的信封上。箭头就在那里，E和X之间的空白。现在看到了吗？

从理智到情感的巨变

就像关上车门或者踢踢轮胎可以让消费者对汽车质量放心一样，一个强大的品牌会提供一种情感上的满足，帮助你在公司和消费者之间建立关系。品牌的力量在于预先影响及强化消费者的决定，围绕购买体验制造情感围栏。

你会注意到，从需要到想要，从为什么到如何做，就是从现实转为情感的轴心。当一个品牌、一个公司、一个人或一场争论进行这样的转变，意味着他已经通过改变消费者对他的感知和联系方式，获得了显著的品牌价值优势。

回想一下第五章中关于奥巴马2008年竞选结果的内容。也许你还记得那个令人震惊的统计数据：超过三分之二的初次选民投票给奥巴马。如果你理智地思考一下，我们完全没有理由相信，这些初次选民已经精通竞选内容，并且就两位候选人的竞选纲领及投票记录进行了研究、比对，最终在经验的基础上理智地选出了自己心目中的总统。不，肯定还有其他因素。

正如我们所看到的，奥巴马的竞选口号"是的，我们能！"是一颗强大的情感炸弹：它是积极的（是的）、包容的（我们）和鼓舞人心的

（能）。它强烈地吸引了选民们的情绪——他们已经厌倦了旧有的阴郁气氛，想要一些新的、令人信服的东西。

讽刺的是，罗纳德·里根在1980年使用同样的策略刺激共和党选民：

在我的政治生涯中，我一直在谈论光辉城市，但我不知道我是否能很好地表达我所看到的一切。但在我看来，这是一座高大、令人自豪的城市，建在比海洋更强大的岩石上，轻风吹过，上帝保佑，到处都是生活在和谐与和平中的人们。这座城市拥有自由的港口，充满了商业和创造力。如果必须有城墙，墙就有无数的门，对任何想要来到这里的人敞开。

如果这还不够的话，《马太福音》5∶14 中，耶稣基督在山上布道时也使用了同样积极的、包容的、鼓舞人心的话语："你是世界之光。建在山上的城市是藏不住的。"

显然，建立牢固关系、激励积极行动的战略至少经得起两千年的考验。如果执行得当，

从理智转向情感的这一变化会带来神奇的结果。这就是"以客户为中心"的秘密。

All About Them

第八章

找准品牌定位：
打造属于自己的品牌

邻家小鬼

你能做得最好的事情就是做好自己。

——《邻家小鬼》(Dennis the Menace)

销售领带的艺术

我的客户弗兰克是我见过的最帅的男人之一。他的衬衫和西服总是一尘不染，并精确地贴合他瘦长的身体。他的胡子修剪得很好，而且他身上总是配饰齐全：领带、袖扣、手表、鞋子，全部都非常适合他。

所以，想象一下，当我走进他的公司总部，发现我的首席时尚买家坐在三堆我见过的最难看的领带后面时，我会多么惊讶。他点了点头招呼我，但他的手从未停止在领带间移动。

弗兰克把长长的瓦楞纸箱的领带摆在面前的工作台上，然后拉出一条领带，把它举到灯光下仔细检查。然后扔到右边的大堆领带上或者左边的小堆领带上。接着再拉出一条领带，重复这个过程。

弗兰克在领带堆里拼命工作，我则很想弄清楚他在做什么。最后，我再也忍不住了。"怎么了，弗兰克？"我问他，"我不明白你在做什么。"

"我在为商店挑选领带。"他不假思索地回答，并用眼睛示意，"这盒子里的，是工厂送给我们挑选的。这些领带。"他指了指左边，"是我们保留下来要出售。右边这些是要退回到工厂去的。"

我看了看这三堆领带，但还是看不出区别。

"但是弗兰克……"我绝望地问道，"这些领带都太丑了。你不会佩戴任何一条的，你是怎么挑出来的？"

接下来弗兰克告诉我的，改变了我的人生。

"我不是顾客，布鲁斯。如果我只订我喜欢的领带，我就会破产。"他停下来，将手里的领带扔到了右边，"这些领带不是我要戴的，而是我要卖的。重要的是要知道两者的区别。"

打领带和卖领带有区别吗？谁知道呢？

我叔叔曼尼有一次把钱投到洋葱期货上。我妈妈向我解释了这种投资方式：曼尼买了一棚车尚未收割的洋葱的收益。到了卖洋葱的时候，如果蔬菜上市时的价格比他买的时候高，他就会赚钱。

不幸的是，曼尼并不是个老练的投资者，他将期货拿在手里太久，一直没卖出去。

直到有一天，他接到火车站的电话，问他要把洋葱送到哪里。

显然，曼尼叔叔要卖的洋葱变成了吃的洋葱（接着是腐烂的洋葱）。曼尼的投资也被吞噬一空。

几年前，我家乡的在建工程数不胜数，人们都说我们的市鸟是起重机。城里所有的报纸和杂志都对迈阿密公寓的增多表示担忧，警告说会出现泡沫。随后，公寓销售出了麻烦，房地产生意也一落千丈。那时估计，迈阿密的空置公寓在未来7到10年内都会处于供过于求的状态。但是在过去的两年里，剩余公寓已经全部售出，天空又布满了起重机。

尽管所有这些公寓都已售出，但它们在夜间漆黑一片，因为大多数房产都是海外投资者买来作为存放资金的安全场所，而不是为了生活。

我这才明白，原来公寓也分出售的和生活的。

这一课很简单：如果你只是为自己而不是你的客户创造产品或服务，那么你的产品无人购买，不管它有多好的创意和卓越的性能。不管你产品的构造有多好、价钱有多低，如果它是为了一个人（一家公司）的市场创造的，那么它就不是为了市场创造的。

如果你的工作是为自己创造精美的产品，那你就不是商人，而是艺术家。他们管电影市场叫"电影市场"而不叫"电影艺术"，这是有原因的。就像打领带和卖领带一样，也有看电影和卖电影的。

理解这种差异及如何利用它，都是为了理解"从以公司为中心向以客户为中心的转变"。

培育忠诚的消费者

在拉斯维加斯电子消费展上走一走,你会发现电子产品制造商和分销商已经完全接受了平板电脑。

就在苹果推出第一台 iPad 的几年后,似乎每一家公司都推出了平板电脑。你可以按你想要的大小来订购,它们有不同的处理器、存储空间、颜色和图案。如果仔细聆听,你能听到价格下跌的声音时,然后深切地感觉到亚当·斯密(Adam Smith)的供求理念。

那么,为什么苹果的 iPad 仍然是这类产品中的佼佼者,价格要比竞争对手高得多呢?当然不是因为它是第一台平板电脑。微软曾经在世纪之交发布了第一台平板电脑,至少比苹果 iPad 早了十年。

我的生意伙伴罗伯托·沙普斯(Roberto Schaps)参加了芝加哥的一场餐厅用品展。他告诉我,所有制造商都在销售相同的东西:一排排卖刀的供应商;一排排卖炊具的供应商;还有一家接一家的公司——从发起人 Keurig 到 Kitchenaid、Nespresso、汉美驰(Hamilton Beach)、咖啡先生(Mr.Coffee)、Cuisinart,还有很多其他公司,都在销售咖啡胶囊与胶囊咖啡机。

正如我们所看到的,当今全球化的、计算机化的、全天候的制造业经济可以生产出消费者想要的任何东西,从咖啡机到平板电脑,在任何风格、数量以及几乎任何质量或价格范围内。这些都是由《纽约时报》专栏作家托马斯·L.弗里德曼(Thomas L. Friedman)所称的"全球三大力量——全球化、摩尔定律和大自然"所推动的。

美国总统巴拉克·奥巴马在 2016 年的最后一次国情咨文中证实了这一点:"经济一直在以深远的方式发生着变化,这些变化早在大衰退爆发之前就开始了,而且从未停歇过。今天,技术不仅取代了装配线上的工作,还取代了任何可以自动化的工作。全球经济下的公司可以设立在任何地点，它们面临着更激烈的竞争。"

那么，为什么有人会买某个产品而不是另一个呢？

请不要固执己见地坚持"最好的产品终将得到市场认可"。如果真是这样的话，我们都会使用 Betamax 录像带，而不是 VHS；我们都会使用苹果最初的个人电脑，而不是 PC；在"杰克逊五兄弟演唱组"出道之后，任何一个男孩乐队连一首歌都卖不出去。

实际上，消费者要比这复杂得多，差别也大得多。正如戴尔·卡耐基（Dale Carnegie）所说："当我们与人打交道时，让我们记住，我们不是在与逻辑生物打交道。我们要对付的是感情上的生物。"情感生物根据他们温暖而又模糊的事物感受方式做出决定，然后用冷酷的事实来证明这些决定是正确的。

即使是那些冷血的、总是以最低价格进行购买的客户，也常常会做出情感上的决定。虽然他们的预算要求购买低价品，但他们仍会利用自己的购买习惯来告诉世界自己是谁，并为自己拥有找到最好价格、获得最好交易的智慧而感到自豪。

越来越多的情况是，企业不能再依靠创新和市场速度来实现销售目标。相反，他们必须发展培育出一个强大的品牌，用以吸引和培育忠诚的消费者，这些消费者会一次又一次地回来购买他们的产品。尽管一家又一家的公司推出了各种各样的平板电脑，但苹果狂热的粉丝们仍然会排队等待每一款新 iPad 的发布，因为他们不仅要拥有更好的功能，还必须拥有品牌的光环。

当然，功能至关重要。毕竟，人们排队购买漂亮但脆弱的法拉利（Ferraris）和玛莎拉蒂（Maseratis）的日子早已逝去，如今的汽车既漂亮又结实。但是，在一个交通拥堵的、满是限速和监控的世界里，这些汽车的销售与它们让富裕车主从 A 点到 B 点的移动能力没有什么关系。是汽车的品牌及其给消费者的感受（而不是它的功能），推动了销量的持续增长。尽管制造商必须不断创新才能保持竞争优势，但他们绝不能停止发展自己的品牌，否则他们的顾客就会跑到别家去。

那么我们在哪里能找到解决办法呢？

众所周知，当生产和利润都建立在有形资产基础上时，是大企业在驱动行业发展。毕竟，如果你拥有了铁路——就像19世纪和20世纪的强盗贵族那样——你就控制了原材料和货物的流动。如果你拥有电报和电话电缆，或者无线电和电视传输技术——就像最大型的电信公司和媒体集团一样——你就控制了交流。但在今天，科技的民主化和全球化改变了这种模式，并将发展的中心从所有权转移到了创新。

如今，公司规模越大，就越不可能产生一个全面的、有说服力的、最终的价值品牌。今天，公司内的所有人都必须了解他们的品牌是什么，以及应该如何向公司的不同受众群体传达。

实现这一目标的旧方法是制作一本品牌标准手册，它向市场营销人员和设计师展示了该如何复制公司的形象（例如，徽标、字体、颜色），以机械的方式维护一个全面的形象。

但在当今日益透明的世界里，企业必须确保它们的信息不仅在美观上准确，而且还要通过所有渠道进行沟通，包括流行的社交媒体网站。一个清晰的、"以客户为中心"的、"从以公司为中心到以客户为中心"的战略，才是直接与消费者心灵对话的正确方法。

找到消费者的激情所在

2015年5月，我被邀请到阿米莉亚岛，一个位于佛罗里达州杰克逊维尔（Jacksonville, Florida）东北部的美丽的度假胜地。沃克&邓洛普（Walker & Dunlop）公司邀请我在其年度聚会上发言，那里汇集了他们最成功的供应商及最重要的客户。

成立于1937年的沃克&邓洛普公司表示，它是"房地产融资解决方案的最大供应商之一"。该公司向房利美（Fannie Mae）、房地美（Freddie Mac）、美国住房和城市发展部（US Department of Housing and Urban

Development）提供贷款。它还为人寿保险公司、银行和其他证券供应商提供贷款。我的演讲旨在向与会者展示如何从"以公司为中心到以客户为中心"过渡，帮助他们在互联网时代进行"以客户为中心"的自身定位。

首先，我带领听众们回顾了我上一本书的主题，《打造品牌价值：可复制传播的七个简单步骤》。然后，我解释了从"以公司为中心到以客户为中心"转变的概念，以及如何在公司与消费者之间建立情感联系，并从中受益。最后，我谈到了不同的人和公司如何将这些理论付诸实践。

观众中有人举起了手。"如果我们都听从你的建议呢？"他问道，"然后我们都会做相同的事，我们的营销信息也会看起来十分相似。这对我们到底有什么帮助呢？"

"让我们实话实说。"我反驳道，"如果我和在座的各位一年后都回到这里，有多少人会真的听从我的建议，创造了一个新的、立足情感的、以客户为中心的品牌？你认为有多少人会举手说我做到了？

"事实是，你们中很少有人会真正实现这个想法。不是因为你认为它不起作用，也不是因为你不想这样做，而是因为其他事情会妨碍你。你回到办公室，客户的需求将会重新接管你的工作。然后你就要组织团队努力工作，这样你就会很忙，没有时间去做我们讲的这些。意第绪语说得好，'人类一计划，上帝就发笑'（Men plan, God laughs）。约翰·列侬也说过：'生活就是你忙于制订其他计划时发生的事情。'

"但让我们假设，你们都真的做到了，你们创造了'以客户为中心'的品牌。但你不必担心你与他人的工作是相似的，因为你们的过程是不同的。你们每个人都会围绕各自公司的价值建立自己的品牌，并利用各自的激情力量，所以结果也是多种多样的。"

重复的技术与主题会产生截然不同的结果，这可不是什么新理念。例如，亨特学院（Hunter College）教授、斯坦福莎士比亚学者（Stanford Shakespeare scholar）加里·施密德尔（Gary Schmidgall）曾就威廉·莎士比亚（William Shakespeare）和奥斯卡·王尔德（Oscar Wilde）进行过大量研究与文章撰写。他指出，王尔德的《多里安·格雷的画像》（The

Picture Of DorianGray）中使用的主要文学道具——超自然画像，并不是作者的原创；它在"果戈里（Gogol）的《肖像》（*The Portrait*）、霍桑（Hawthorne）的《会预言的画像》（*Prophetic Picture*）、爱德华·兰道夫（Edward Randolph）的《肖像》（*Portrait*）、迪斯雷利（Disraeli）的《薇薇安·格雷》（*Vivian Grey*）、亨利·詹姆斯（Henry James）的《杰作的故事》（*Story of a Masterpiece*）和马图林（Maturin）的《流浪者梅莫思》（*Melmoth the Wanderer*）中都大量出现"。此外，"闹鬼图片也大量出现在许多被遗忘的小说中"，而这些小说都出现在王尔德著作面世前多年。

王尔德和其他作家的作品表明了，虽然我们都使用相同的眼睛看待这个世界，但即使是相同的东西，我们也可以生产出截然不同的产品。这不是抄袭或剽窃，这是以一种与读者相关的方式对世界进行解读。

演讲结束后，我和沃克&邓洛普公司的总裁威利·沃克（Willy Walker）一起度过了一段时间。我们讨论了沃克公司的服务，以及在客户面前将他们与竞争对手区分开有多么困难。我们讨论了沃克&邓洛普建立"以客户为中心"品牌的不同方法。威利希望把这些想法融入他的公司，当然我也提供了一些相应帮助。

几周后，我收到威利的一封信，说他已经指示手下营销团队开始公司重新定位的工作，并给我举了几个例子，告诉我他们一直在做什么。我们讨论了这些工作的影响和优点。最后，我们达成一致，威利会随时向我知会他们的最新进展。

又过了几个星期，威利再次联系我，并发来了他们最新的广告计划。我们再一次就如何才能最好地实现他的目标进行了讨论。随后，威利和他的团队进一步完善这些内容。

再下一次联系时，威利并没有提出新的想法，而是用这封简单的邮件告诉我广告计划的实施效果：

布鲁斯：新年快乐！希望你一切顺利。

我想给你看看我们关于沃克&邓洛普公司"以客户为中心"定位工作的成果。

正如你看到的，我们改动了一些想法，但我认为整体的广告和信息传递效果是非常棒的。

我们的客户很喜欢，每隔一个月就会来一名新客户。

你的近况如何，请告诉我。

最真挚的祝福，
威利

随信附件是一个PDF文件，里面有七个沃克&邓洛普公司的广告。每张广告都展示了一位沃克&邓洛普公司客户进行自己热爱活动的情况。这些广告还包括客户的姓名、爱好与激情、一个他们与沃克&邓洛普公司开始生意往来的时间戳，以及"为你的繁荣昌盛提供动力"（Powering Your Prosperity）的标语。

广告上，肯尼迪·威尔逊公司（Kennedy Wilson）的库尔特·泽克（Kurt Zech）正在冲浪，TruAmerica Multifamily 的鲍勃·哈特（Bob Hart）正在驾驶帆船，曼德尔集团（Mandel Group）的巴里·曼德尔（Barry R·Mandel）正在游泳，沃特顿住宅公司（Waterton Residential）的大卫·施瓦茨（David Schwartz）正在登山，法夫罗和沙恩公司（Favrot and Shane Companies）的詹姆斯·法夫罗（James Favrot）正在展示他的古董汽车收藏，科特兰合伙人公司（Cortland Partners）的史蒂夫·德弗朗西斯（Steve DeFrancis）与他的两个孩子手拉手，卡普斯通公司（Capstone Companies）的迈克尔·莫隆（Michael Mouron）与一名身穿制服的轮椅篮球运动员坐在一起。

每一位沃克&邓洛普公司的客户都被描述为狂热爱好者。广告给出的明确信息是，由于沃克&邓洛普公司帮助推动了他们的成功昌盛，这些人才有资源（时间和金钱）来追求他们的爱好与激情。或者就像威利在随后一封电子邮件中所说的，"他们展示了'繁荣昌盛'的不同表现，而且这些并不是工作，它们都是你喜欢做的事情。"

请注意，这些参与者们的激情各不相同。但沃克＆邓洛普公司并没有对客户的激情进行价值评判。相反，他们展示了公司的承诺：帮助客户完成任何对他们来说重要的事情。通过这种方式，沃克＆邓洛普公司加强了与每个客户的关系。

有趣的是，这些广告除了为沃克＆邓洛普公司实现了品牌定位，它还成为了其客户吹嘘的资本以及吸引顾客的工具。

当马歇尔·麦克卢汉（Marshall McLuhan）在1967年写下"媒介即信息"（medium is the message）时，他的意思是，信息的分发和呈现方式与信息本身一样重要。当他收到初版图书时，发现封面上有个打印错误，将"媒介即信息"打成了"媒介即按摩"（the medium is the massage）。据说当他发现这个错误时，说道："别改它！太棒了，一语中的！"

如果麦克卢汉还在的话，我相信他会同意沃克＆邓洛普公司的新广告就是信息与按摩的完美呈现。

你的定位是什么？

沃克＆邓洛普公司从事房地产行业已有近80年的历史。从亚利桑那州到华盛顿特区，至少有20座城市都有它的办公室。它出现在房地产的各个领域。它代表着促进客户的繁荣昌盛。

沃尔沃表面上属于汽车行业，但它实际上涉及了许多不同的行业：运输、制造、研究开发、冶金、工程、装潢、设计、进出口、物流，等等。此外，它还经营零售商店（包括新产品和旧产品），提供销售、服务和配件。沃尔沃的运营是在数百个国家、州和市政府的政府法规下进行的。它要以多种语言工作，与多个消费者人群打交道，使用多种货币。别忘了沃尔沃还生产公共汽车、卡车和船用发动机，并为许多公司提供工程服务。然而，尽管如此复杂，沃尔沃仍然通过一个词来描述自己：安全。

你代表什么？你能用几个词描述自己吗？如果你都做不到，怎么能指望客户能理解你是谁，为什么你对他们很重要？

信不信由你，我已经知道你在想什么了：你说得对，布鲁斯，自身定位和品牌价值很有意义，我可以看到它对这些公司产生了积极影响。（叹气）但我不一样啊。毕竟，我的业务更加多样化、更有创意、更适合客户的具体需求……我做的事太多了。我不可能把所有的东西都塞进几个字里。

真的？你的生意太复杂，不可能形成品牌？那么，在我们接受这一点并放弃之前，先回顾一下沃尔沃是如何定义自己的。

安全。

安全的品牌定位对沃尔沃非常有价值，以至于当沃尔沃推出 SUV 时，俨然成了新美国郊区家庭的必备车，XC70 的销量超过了所有外国 SUV（欧洲和亚洲）的总和！

更重要的是，沃尔沃的品牌描述甚至与其产品提供的实际功能无关。沃尔沃的品牌没有提及它的通行功能。沃尔沃只谈安全。

纽约是大苹果；芝加哥是中西部地区；洛杉矶是电影；拉斯维加斯是罪恶；迈阿密很时髦。你是什么？

福克斯是右派；微软全国广播公司节目（MSNBC）是左派；美国有线电视新闻网（CNN）是坚定的中立派。你是哪边的？

有趣的是，我们每一天都会使用这些称呼，却不会思考它们背后的意思。然而，当谈到我们自己的品牌时，鞋匠的孩子却没鞋子。

你在客户心中的位置

那么，你要如何确定你的品牌定位呢？好吧，首先让我们谈谈它不是什么。你的品牌定位不是你能决定的,而是你的职业来决定。你的品牌不是你所信仰的,而是你的价值体现。你的品牌不是你在业余时间做的事情(杂耍、喜剧、在当地医院做义工),那是你的业余爱好。

你的品牌定位不是你的名片、你的标语,也不是你的才能。不是你的脸书页面,不是你的推特用户名,也不是你的领英名片。这些肯定不是你的标志。

你的品牌定位是你在(现在和潜在)客户的大脑和心中所占据的位置。如果你不知道那是什么,那么他们也不知道。

这是坏消息。

好消息是这很容易就能搞清楚。随着时间的推移和大量的自我反省,你可以把你提供给你的客户的所有东西归结为一个单一的、强大的、引人注目的精华。请注意,我说的是单一,不是容易。弄清楚你的品牌定位需要付出很大的努力。但是,如果你遵循一个简单的图表的流程,你就创建一个品牌定位,它将帮助你了解你所做的一切,并确保你未来的营销工作有效且高效。

品牌金字塔

请看下面的图。这是一个经典的品牌金字塔示意图。人们使用这个简单三角图形已经创建了数百个、甚至数千个伟大的品牌,它也会对你同样有效。

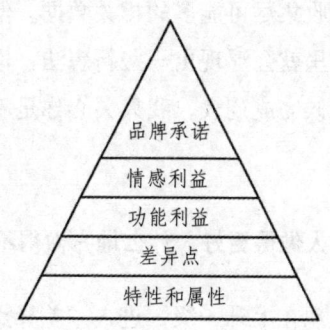

使用方法很简单：你只需填充框内内容，从一般（底部）到特定（顶部）。当你到达顶峰的时候，你会很清楚你的品牌定位是什么，以及如何向世界推广你的品牌价值。

你得到了什么

在最下面的框中，"特性和属性"，你需要清点你和你的生意向客户提供的每一件事，我指的是一切。在这里你要列出你的产品和服务，你的天赋、技能和经验，以及你用来经营的所有东西。有一两台电脑吗？写下来；美国航空公司常客身份？写下来；西装高跟鞋小册子在线产品？写下来。具体的行业经历，独特的生活故事，绝赞的简历？都填到这个框里。

当然，你不必真的写在金字塔图形上；你可以用 Word、Excel 或任何你喜欢的程序创建你的文档。如何记录这些信息并不重要。重要的是，你要把它做清楚做好。

你的清单包容性越强，下一步就越容易。你的特性与属性填写得越完整，上一层可以吸收的东西就越多。将这一部分放在图表的底部，并不是偶然的。它是你建立品牌信息的基础。它越全面，金字塔结构就会越强。

你也不需要一个人做这些。你可以让你的助理或公司内其他专业人士参与进来；你的丈夫或妻子或其他重要的人也是很好的信息来源，包括你的朋友以及私人关系很好的客户。你甚至可以安排一次集会，与大家一起讨论。底线是收集尽可能多的相关数据。但是千万别心急。每过一段时间，你的脑海里就会浮现出一些新想法，你需要及时仔细记录下来。我不在乎什么时候完成列表，我只关心你是不是仔细地、全面地完成它。

你什么地方比别人做得更好，什么地方做得不一样

完成第一部分，现在上升一级，进入"差异点"，也可以叫"区别点"。在这里,你要列出你的独特属性。也许你会吹口琴(哦,等等,这是我的独特点),这个就可以记录下来。也许你有专属的教练技巧,这也记下来。不寻常的生理或种族特征?如果你利用它们并从中受益,记下来。有商标或版权的知识财产,或者正在使用的特殊工艺或配方,都属于这份清单。

我相信你知道"独特"这个词是绝对的:你要么是独特的,要么不是;你不可能有一点点独特——就像你不可能有一点点出色、一点点完美,或者有一点点怀孕。但是,请不要按照字面意思来理解"独特"这个词。如果说"太阳下没有新鲜事",那么不管你拥有怎样的独特特质,你都不是整个宇宙中唯一会拥有它的人。这里列出的项目,不管是单独出现还是组合出现,都应该让你有一种独特的感觉。如果某个属性并不特殊,不能让你与其他人区分开来,那么它应该属于第一层,而不是第二层。

例如,沃尔沃并不是唯一一家在安全问题上下力气的汽车公司。甚至,沃尔沃是否比其竞争对手生产的同类汽车更安全,都值得商榷。但沃尔沃围绕安全问题投入了大量精力,这已成为沃尔沃最有价值、最与众不同的品质之一。因此,其他汽车公司可能会在第一层"特性和属性"中填写安全性,但不会将它填写在"差异点"这部分中。但沃尔沃就可以。

这个列表应该比"功能和属性"的列表短得多。它应该只包含你独特的东西:你拥有并传达给客户的、能让你的客户很容易识别出你的事物。如果你的这个列表中没有太多东西,也不需要担心,因为一个强大的"差异点"就可以让你创造出巨大财富。但如果你不能在列表中添加任何有说服力的、真正独特的东西,那你更应该解决基础的经营问题,而不是品牌问题。如果你没有自己独特的东西,那你最好在营销之前先好好研究下你的产品。

你做的事情

现在让我们再升一级:"功能利益"。这里的重点是,你必须站在客户的角度,像他们一样思考。你要列出你的客户/消费者在与你做生意的过程中获得的功能利益。如果你做的是商业安全准备咨询业务，那么你的客户会知道如何组织、管理他们的公司和业务，以避免灾难的发生。如果你研究家族企业并制定继承策略，那么你的客户就能够为几代人的成功过渡做好计划。如果你是社交媒体专栏作家，那么你的读者就会知道如何将脸书、推特、领英融入自己的业务中。

这一部分最简单，因为这些内容最明显不过。不过这也是大多数企业思考品牌时的终点——如果他们思考了的话。他们从自己所拥有的（特性和属性）开始，上升到他们擅长的、知名的（差异点），然后专注于他们为客户所做的事情（功能利益）。

例如，我在一个工业园区拥有一家小咖啡馆，我会首先列出我的特征和属性清单，包括我们的桌椅、标牌、厨房设备等等。在差异点部分，我会列出更好的菜肴和更快的递送服务。如果我的咖啡店是这个工业园区里唯一的餐厅，那我也会写上"排他性地理位置"。

接下来，我会上升一层，看看我们提供给客户的功能利益。显然，我们咖啡店最大的功能利益就是填饱他们的肚子，但我觉得我应该想得更深一些。因此，我可能会在清单中添加一些其他内容，比如我们的位置可以让客户不必走太远就吃到午餐，我们可以为客户提供会议场所。也许，我们可以让客户提前一小时开车上班，这样他们既躲避了拥堵，还可以在我们这里吃的美味的早餐。又或许，我们可以提供晚餐食物，忙碌的客户可以直接打包带回家与家人分享。

魔法将在金字塔的下一层发生："情感利益"。因为在这一部分，你开始真正与客户建立联系了。但你必须非常清楚自己的功能利益，才能做到这一点。

客户的感受

请记住，沃尔沃的品牌并没有真正谈及其汽车的功能利益。相反，沃尔沃建立了基于安全的情感利益的强大品牌。得益于沃尔沃的产品属性和品牌信息，沃尔沃司机可以认为自己是更好的父母、更好的配偶和更好的公民,因为他们驾驶的是一辆更安全的汽车。情感利益存在于客户的心中,而不是大脑里,所以这种较少理智、更多情感的品牌表达更加有力。符合其情感利益的其他词汇,如"信心"、"放心"、"满足感"、"宽慰"和"爱"都有助于沃尔沃与(现有及潜在)客户建立牢固的情感纽带。

世界之巅

填完"情感利益"之后,回顾一下整个金字塔,看看你提供的东西(差异点)和客户对你工作的感觉(情感利益)之间的联系。这些模式将成为你灵感的原料,帮助你登上金字塔的顶端——伟大品牌的品牌定位都汇聚在这里。在这里,你会发现这样的广告标语:"Just do it!"[1]、"There is no substitute"[2]、"The relentless pursuit of perfection"[3]、"I Love New York!"[4]、"We'll leave the light on for you"[5]。

这些广告语没有超过 7 个单词的,这充分说明了伟大品牌如何从内心和情感上与消费者进行联系。你会注意到,它们中没有一家谈论到了产品的实际功能。相反,每则广告语都唤起了用户与品牌接触时的(享受)感觉。这就是你的品牌应有的样子。

你做到了!欢迎进入"以客户为中心"的世界

完成金字塔的顶部是品牌定位中最困难的部分。因为除了必要的技巧与文笔之外,从"以公司为中心转移到以客户为中心"以及创造出真正独特的、情感的、以客户为中心的品牌信息,需要大量的工作、尝试和犯错。但一旦爬到金字塔的顶端,宣布你是谁,你所代表的是什么,

---

1. 译者注:耐克广告语。
2. 译者注:"无可替代",保时捷广告语。
3. 译者注:"无可替代",保时捷广告语。
4. 译者注:"对完美的无懈追求",雷克萨斯广告语。
5. 译者注:"我们会为你留着灯",Motel 6(六号旅馆)广告语。

那么剩下的营销工作就很容易了。在品牌定位稳固的情况下，你会知道你的广告应该是什么样子，你的网站应该如何运作，你应该发什么推特信息。强大的品牌定位也会帮助你选择合适的主题来传达你的信息。最重要的是，当你开始推广传播你的品牌信息时，它会告诉你现有及潜在客户对你的期望是什么，以及这些期望又会将你带向哪里。因为一旦你、你的员工、你的现有及潜在客户都知道了你的品牌定位，剩下的工作就变得容易多了。

为客户创造产品与服务

要整合一个成功的"以客户为中心"策略，你要了解"为自己创造产品和服务"与"为客户创造产品与服务"之间是有很大区别的。因此，了解客户的需求、口味和预算十分重要，因为他们的考量和你会有很大不同，毕竟有卖领带和戴领带之分。

同时，如果我们只把目光集中在客户"想要"的产品上，那么我们只会创造越来越多与竞争对手没有区别的大路货，进而无法有效扩展市场。这也是为什么你要理解自己的真实并且将它融入你的品牌信息中去。记住，好的品牌会让你感觉良好，但伟大的品牌会让你自我感觉良好。沃克&邓洛普公司的新广告吸取了该公司的精髓，并将其提炼成有效的广告信息，不仅展示了其对客户业务的积极影响，也表达了对客户激情和成就的赞赏与庆祝。

知道你所代表的是什么，这是一个建立品牌真实感的绝佳方式，可以帮助你建立与客户一致的品牌同一性。如果老话说"人如其食"[1]，那么今天就变成了"人如其消费"。在今天的消费时代，人们依靠他们购买的产品、他们使用的服务来告诉世界自己是谁。我们的父母一代以他们经历的战争而闻名，而今天的一代则以他们购买的东西而闻名。代

---

1. 译者注：You are what you eat，西方谚语，指饮食可反映一个人性格与生活环境。

表某些东西，可以让你的顾客享受你的产品与服务之外的附加价值。

了解你是谁，并传达这一立场，不仅帮助你的客户知道他们在购买你的产品或同意你的观点时得到了什么；它还可以让你的客户帮助你将产品卖给别人。当客户围绕你的产品建立自己的品牌标识时，他们的背书将成为更有力的推荐来源，从而将其他客户推向你和你的企业。

在第六章中，我们探讨了比尔·奥莱利如何围绕"他是谁"以及"他的客户想看到的真实"建立起一个和谐统一的品牌的。但我没告诉你我上了奥莱利的节目后发生了什么。

在采访过程中，奥莱利指着我说："你又错了，特克尔先生。你得两个0分了。"然后，在采访接近尾声的时候，他又补充了一句讽刺的话："嗯，特克尔先生，你有两个0分，但刚刚你提出了一个很好的观点。"

我参加时，奥莱利的节目拥有新闻业最大的观众群——近300万观众。当然，我很高兴能接触到如此规模的观众。但更棒的是在我将节目视频发给我的客户和潜在客户后。我不仅享受了"奥莱利因素"带来的光环，我的客户也可以通过告诉他们的股东"我们和奥莱利节目中出现的那家伙一起工作"来提升自己的品牌价值。

有趣的是，视频中奥莱利并没有夸赞我的聪明或同意我的观点。相反，他一再表示我错了。但奥莱利的反对意见与我的观点二者是否正确无关紧要。他的节目带来的好处不是来自于正确，而是来自于节目本身。奥莱利表达了他的真实，我表达了我的真实，我们都从中受益。

最好的营销机会往往就是像这样的交换。两位参与者都把自己的价值（知识、观众、才能、外表、名声、观点、口才等等）展现出来，并从这个机会中收益，既展示了自己的特质，又提升了对方的品牌价值。当你知道自己真正的"以客户为中心"的品牌是什么，以及如何沟通传播它的时候，你就可以从这些机会中提取出全部价值。正如罗马哲学家塞涅卡提醒我们的那样："运气是准备和机会相遇时的结果。"

现在，你已经知道如何打造自己的品牌了，剩下的就只有两件事：走你的路，说你的话。

All About Them

第九章

建立品牌共识：
与客户分享品牌价值

练习造就完美
练习造就完美,但没人是完美的。所以为什么要练习?

让练习成为你生活的一部分

在董事会会议上，有些人特意选择不坐我对面，因为我会给会议室内的每个人都画一幅漫画，除了我身旁紧挨的人。因为我不能频繁地转头看他们，毕竟开会时这样做不太好。

信不信由你，很多人不喜欢我画他们，这很可能是因为我不画肖像，只画漫画。据我所知，好的肖像通常表现的是人的实际外貌，而好的漫画通常要夸大、讽刺人们最突出的特征。这就是为什么历史上艺术家们给王公贵族们画的肖像陈列在世界各地的博物里，而人物漫画则只能在狂欢节和讽刺卡通杂志中出现。这也是为什么那些看过我漫画的人会说："这很有趣。但我的鼻子没有那么大，不是吗？"或者"哦，拜托。我的头发要多得多！"

这些是我的漫画对象的评论。但是其他人通常会说："我真希望我也会画画。但我天生不是那块料。你不一样，你是天生的。"

我的回答总是相同的："你当然会画画。你要做的就是画很多画。"

"哦，你是说练习吗？"他们问，"你练习了多少？"

"我从来不练习，"我回答道，"但我总是画画。你想想看，我从幼儿园就开始画上了。我高中时是校报成员，大学里学习艺术和设计。后来我进入广告业，一开始当工作室画师，然后成了艺术总监。我一生中的每一天都在画画，只要我还记得。"

在马尔科姆·格拉德威尔的书中，他提出一个人需要 10000 个小时才能精通某项技能。格拉德威尔用一个很好的例子来说明他的观点，那就是披头士乐队的崛起。20 世纪 60 年代初，新生的"Fab Four"乐队在德国汉堡的凯泽凯勒（Kaiserkeller）、因陀罗俱乐部（Indra clubs）

和其他小型场馆里玩音乐玩得不亦乐乎。在返回英国之前，他们已经进行了近1200场公开演出，成为历史上最流畅的摇滚乐队。格拉德威尔说，这1200场演出为披头士乐队提供了10000小时的练习时间。换句话说，披头士乐队经过多年的努力，最后终于"一夜成功"。

比投资时间更重要的是如何练习。在我看来，开发和利用天赋的关键不只是投入时间，还要让练习自然而然地成为你生活的一部分。

没错，一个音乐家必须进行基础练习，使用每一种可以想到的方式来熟悉音阶的流动。艺术家需要理解各种媒体和科技带来的机会与限制。运动家和舞蹈家必须一次又一次地练习基本功，以形成肌肉记忆。这些没错，但不止于此。

每个人都听过孔子的话："知之者不如好之者，好之者不如乐之者。"我发现这句格言也适用于天赋。学会画画、网球、单簧管，或者获得柔道黑带，真正的关键是喜欢这样做。你这么做是因为你想、你喜欢，而不是因为你必须这样做。

再深入一些：精通的关键是培养你内在的各种天赋与才能，这些天赋与才能是"你是谁"的组成部分，这样它们不仅是你必须做的事情，还是你想做的事，甚至是你没有事先计划或考虑过的事情。你这么做是因为它是你的一部分。西班牙谚语是这么称呼的：Eso le nace，意思是"与生俱来的"。

从商业的角度来看，练习你的技能也是创建、发展你的品牌价值的关键部分之一。这是因为你所做的会让你与竞争对手区分开，并让你的客户知道他们能从中获得什么。正如我以前多次说过的，人们不会选择你做什么，他们会选择你是谁。

了解并知道如何向你的（现有及潜在）客户展示这一点，不仅可以将你固有的天赋融入到个人和职业生活中，而且还可以让你的工作变得越来越好，让你更加享受工作的乐趣。

围绕你的品牌建立共识

假设你现在已经弄清楚了你的品牌是什么，弄清楚如何让你的信息成为"以客户为中心"的，以及如何使它情感化，如何让它变得单一，如何让它更快传播。简而言之，你知道你是谁、如何以及为什么在乎你的（现有及潜在）客户。

还记得那首古老的童谣吗？如果你还记得，请跟着唱：

小熊上山了，
小熊上山了，
小熊上山了，
它觉得自己看到了什么？
它看到了另一座山，
它看到了另一座山，
它看到了另一座山，
这就是小熊看到的。

恭喜你，现在你已经翻过了山，为你的品牌进行了认真的工作。现在，你会发现自己正在仰望着下一座山，一座你必须攀登的山——向公众传达你的信息。

对于如何推销你的品牌，我们已经有了很多伟大书籍：从霍华德·戈萨奇（Howard Gossage）《戈萨奇之书》（The Book of Gossage）中的经典散文，到大卫·奥格威的《一个广告人的自白》（Confessions of an Advertising Man），到迈克尔·布雷特（Michael Bierut）的《如何用平台更好地推销、表达、美化产品，如何打动顾客的情绪并时不时地改变世界》（How to Use Graphic Design to Sell Things, Explain Things, Make

Things Look Better, Make People Laugh, Make People Cry, and Every Once in a While Change the World）。如果你已经走到这一步，并且对创造性营销方法很感兴趣，那么我建议你把它们都读一遍。

除此之外，你打算如何在你品牌的背后建立共识？毕竟，你做这些工作不是为了创造一个没有人听的信息，不是吗？

是时候说话了。

你看，仅仅知道你代表什么，以及你的品牌如何与客户产生共鸣是不够的。现在你要积极地交流，以一种令人信服的、连贯的、一致的方式与他人分享你的品牌价值。

3C

这三个押韵的单词——cogency（说服力）、coherency（连贯性）、consistency（一致性），就是你品牌成功的三骑士，而且是保持成功的关键。现在让我们挨个探讨一下，如何利用它们建立你的品牌价值。

说服力

你今天看到的大部分广告和营销信息都是垃圾。它们被稀释、淡化、毫无意义地捆绑在一起，主要是让品牌营销相关方都避免陷入麻烦之中。不幸的是，正如我的朋友兰迪·盖奇在他两本新书——《冒险就是新的安全》（*Risky Is the New Safe*）和《疯狂天才》（*Mad Genius*）——中指出的，这种"安全态度"实际上是你能犯的最昂贵的错误。因为如果你忙着不让任何人失望，你也不会引起任何人的注意，也没有改变任何人的想法。

通过确保你的"以客户为中心"品牌与品牌营销信息具备说服力的联系，你能够确认营销团队正按照你的希望工作。也就是说，他们正在宣传你的品牌信息，并确保这些信息与你的客户产生共鸣，巧妙地告诉他们为什么应该和你做生意。

连贯性

今天你在网上和广播里看到、听到的很多东西都是垃圾，因为创建消息的营销人员忘记了他们创建消息的初衷。这种情况只会让事情更糟，因为广告代理商、营销公司和内部广告部门服务于不同的主人。如果你为这些公司、部门工作或与它们共事，那么你一定要警惕以下情况。

一方面，营销公司（包括内部和外包）都配备了负责维护其账户的人员。看上去他们的工作是帮助客户提供业绩，但实际上，他们的工作是在不失去客户的基础上尽量谁也别得罪。每一部以广告为主题的电视节目和电影都描述了这种情况，从《家有仙妻》（*Bewitched*）到《对头冤家》（*Nothing in Commo*）到《广告狂人》（*Mad Men*）再到《创智赢家》（*Shark Tank*），都是如此。虽然他们的头衔范围从客户主管到客户经理无所不包，但他们压倒性的愿望是掩盖自己的责任、不制造任何麻烦。也许灯泡的笑话说得最好：

问："换一个灯泡需要多少个初级客户经理？"
答："我不知道，先生，我会查清楚并马上给你回电话。"
问："换一个灯泡需要多少个高级客户经理？"
答："你想要多少？"

很明显，这些人更关心自己的形象，而不是你"委婉表达品牌价值"的诉求，而且你通常不能指望他们为你最紧迫的问题提供合格的、聪明的答案。

在你认为我是一个典型的广告公司"创意人士"，看不起客户主管，认为他们只不过是送货男孩／女孩之前，让我分享两种不同的观点。

首先，优秀的客户管理人员——他们确实理解营销战略，并愿意承担风险来帮助客户做出正确的决策、传达正确的信息——很有价值，也很少见。这些非常特殊的专业人士能够真正帮助客户建立品牌价值，实现客户的目标。

其次，我认为，我们所接触到的所有不好的品牌信息中，最应该负责的是那些误入迷途的、过于热心的艺术总监、文案和设计师，而不是谄媚的客户经理。

这些人对"富有创造性"的执着，让他们把创建品牌价值信息的初衷扔在了脑后。这些人创造的信息是基于他们的挑逗、震惊观众的能力以及获得广告大奖的动力，而不是说服、影响消费者的目的。

当然，他们也有自己的灯泡笑话：

问："换一个灯泡需要多少个文案？"
答："一个也不需要。这是我的工作，但我不会去改变任何事。"
问："换一个灯泡需要多少位艺术总监？"
答："一定要是灯泡吗？我在读《传播艺术杂志》（Communication Arts Magazine），我认为我们有更多的选择。"
问："换一个灯泡需要多少名创意总监？"
答："两个。一个拿着灯泡，另一个喝酒，一直喝到房子天旋地转颠倒过来。"

一个连贯的信息仅仅是为了提升品牌价值而创建的。除了连贯地丰富你的品牌价值，它不应该包含任何其他因素与动机。

一致性

营销人员喜欢将信息分割开，让它们各自独立。多待在他们身边，你就会听到"线上"和"线下"这两个短语。你会听到"在线"信息和"传统"信息。你会听到"广告"、"营销"、"促销"和"公共关系"。你将面对"付费媒体"和"赢得媒体"[1]。你还会听到"场内和场外"的说法。事实上，你能够从营销人员那里听到更多的信息分类。

问题是，消费者不仅不知道这些术语，他们也不关心。一位潜在客户在广告牌上看到一条品牌信息，然后阅读到一篇关于它的文章，最后在一个很火的网站上看到一条弹出广告时，他们不会说自己"在户外媒体中与该品牌进行了互动，看到一篇关于该品牌的公关软文，看到一条在线横幅广告"，他们会简单地说，"我到处都能看到它。"

但这不仅仅是信息传播和媒体的问题。品牌信息一致性意味着，发放和收到的每一条信息都应涉及并加强其他信息。

推销自己

正如我们已经看到的，许多非常复杂的品牌产品都在以具有说服力、连贯性和一致性的信息来推销自己。

自20世纪70年代以来，沃尔沃一直在销售安全。好事达保险公司（Allstate）和保诚保险公司（Prudential）使用的"你被好事达精心呵护"（You're in good hands with Allstate）、"保诚保险坚如磐石"（Get a piece of the rock）口号时间更久远。

了解你是谁，你代表什么，不仅仅是建立"以客户为中心"品牌的绝佳方式，它还能帮你省下很多钱，因为它既能集中你的推广工作，又确保你推广的每一条信息都能相互强化。

讽刺的是，"以客户为中心"品牌对一致性的需求无法给你重复的权力。如果你只是一遍又一遍地重复同样的信息，你的客户最终会对其产生免疫力，无视它甚至拒绝它。所以，你必须创造出新的、令人兴奋的方式来表达旧有内容。（顺便说一句，这对最好的文案撰稿人、设计师和艺术总监来说，是最好的工作保障）

---

[1] 译者注：Earned Media，指消费者成为媒体，如社交网络及病毒性营销。

自 1972 年以来，宝马一直是"终极座驾"（The ultimate driving machine）。但在接下来的几十年里，它的汽车产品线发生了巨大的变化，到现在为止它有 1、2、3、4、5、6、7、8、I、M、X 和 Z 等多个系列。更重要的是，过去的宝马销售可以使用汽油或柴油燃料的汽车，今天的宝马还增加了电池、混合动力和氢燃料电池驱动的汽车。

为了在如此广泛的产品线中保持品牌的一致性，宝马推出了一个广告，列出了它销售的所有不同类型的产品。这则广告展示了宝马公司的敞篷车、SUV、豪华汽车、混合动力车和电动汽车，突显出它们彼此之间的差异，然后通过一句话将它们聚在了一起："在宝马，我们只做一件事……终极座驾。"

太迈阿密了

我的广告公司在过去的 25 年里一直负责迈阿密旅游品牌的营销工作。我们为威廉·塔尔伯特和大迈阿密旅游会展局工作，多年来一直致力于将迈阿密打造成一个吸引人的品牌。利用我们建立品牌价值的七个步骤，我们的营销一直是有说服力的、连贯的、一致的；我们始终将迈阿密的真实——独一无二的热带地区及世界级的体验——作为营销核心，同时谨慎地与不断变化的旅游人群保持联系。

毕竟，当《时代》（Time）杂志的封面故事称我们这里为"失乐园"（Paradise Lost）时，我们需要卖掉迈阿密。在 9·11 恐怖袭击事件后，我们需要卖掉迈阿密，因为当时几乎关闭了全国所有的航空航线（迈阿密 98% 的游客是乘飞机到达的）。当北方的冬天经历创纪录的高温时，我们需要卖掉迈阿密。当我们的主要客户群的目光从海滩和艳阳转到了艺术和文化上时，我们需要卖掉迈阿密。我们的底线是什么？不管周围的地区以及周围的世界如何变化，我们都需要填满我们的海滩和酒店。

要真正认识到我们面对的挑战有多么复杂，你还需要更深入地了解我们社区的现实情况。毕竟，当许多人听到"迈阿密"时，想到只有机场和南海滩的浮华。实际上，这个城市是一个拥有多元化人口和地形的大社区。

即使你住在这里，你可能也不知道迈阿密－戴德县是由 36 个不同的城市组成的，它们大多都有自己的政府和服务部门。这个县有三个国家公园；有世界上最大的艺术装饰建筑收藏；有海洋，一个海湾，一条河和无数湖泊；有草原、硬木吊床、附属岛屿、松木林和沼泽。其边界是西部的大沼泽地和东部的大西洋。

你可能也不知道迈阿密－戴德县是一个教育强县。该校有来自一百多个国家的近 35 万名学生，其公立学校系统是佛罗里达州最大的，也是全美第四大的。这里有 20 多所学院和大学，包括世界上最大、最有活力的迈阿密戴德学院（Miami Dade College），它有 8 个校区，超过 17 万名来自世界各地的学生；佛罗里达州国际大学（Florida International University），它是美国最大的 25 所大学之一；巴里大学（Barry University），一所拥有 70 多年历史的天主教教育机构；当然还有迈阿密大学（University of Miami）。该县还拥有世界上最繁忙的邮轮港，其机场拥有全国最大的货运量，2015 年为近 2700 万名乘客提供了服务。

我列出的这些内容不是为了吹嘘我的家乡，而是向你说明它是多么的复杂。

当然，这意味着我们的旅游产品也是一样的复杂。来"迈阿密"的游客们可以住在南海滩、迈阿密海滩、瑟夫赛德、阳光岛、巴尔港、阿文图拉、北迈阿密海滩、科勒尔盖布尔斯、椰林、布里克尔、多拉尔，等等。游客们还可以参观所有的城镇，包括小哈瓦那、小海地、南迈阿密、小马那瓜（官方的名字叫斯威特沃特）、怀恩伍德、设计区、莫宁赛德、金色沙滩、东部海岸，以及更多的社区。

这么多地区、景点，全部统一在一个品牌下，以 5 个字母的名字显示：M-I-A-M-I。所有这些景区的体验全部使用三个词来解释——"It's so Miami"（这太迈阿密了），还有一个三个字母的标签：#ism。

"太迈阿密了"告诉消费者，他们会在迈阿密看到其他地方看不到的东西，体验到其他地方无法体验的内容。游玩一天，他们将能够做他们想做的事情，成为他们想要成为的人，拥有他们在世界上任何地方都无法享受的自由和无拘无束。

我们说的语言，我们来自的国家，我们随心所欲的生活方式，我们享受的自由习俗，乃至我们喜欢的宜人天气，这些都"太迈阿密了"。"太迈阿密了"意味着你可以成为你想成为的人。

通过对我们的广告和营销信息的快速回顾，你可以理解这种态度是如何影响我们与消费者的沟通，并始终围绕真实通过令人信服的、连贯的、一致性的方式发展我们的旅游业务。

我们的广告向人们展示了迈阿密的独特旅游体验，这在其他城市是无法得到的：从穿着比基尼参观艺术博物馆（除了迈阿密，其他地方闻所未闻），到打扮得像个国际模特到海滩游玩，再到将你那价值30万美元的橙色跑车停在路边，悠闲地喝上一杯咖啡。这条广告信息引证了我们的营销理念，即令人信服的、连贯的、一致的。

由于迈阿密是地区航运大县，我们的货运港口正在安装新的龙门起重机，一群有260英尺（约79米）高的庞然大物，可以装卸来自或运往亚洲、拉丁美洲及世界其他地区的货物。从萨凡纳到新加坡，这些巨大的建筑物击穿了许多货港的天际线。但只有在迈阿密，我们才能向市长和县议会建议，将龙门起重机涂成粉红色和黑色，远远看上去就像一群260英尺高的火烈鸟。

更重要的是，只有在迈阿密，我们才能提出这样的建议，而不会被笑话嘲弄。为什么？因为这里"太迈阿密了"！

最棒的是：假设县议会批准了我们的提议，起重机被粉刷一新（当时，这本书正在出版中，我们的提议还没得到批准），我们会继续提议在世界范围内对其进行报道。如果其他地区模仿我们的做法，会怎么样呢？如果萨凡纳将它的龙门起重机涂得像巨大的鹳，坦帕把它的龙门起重机涂得像苍鹭，那怎么办？充其量，他们只会创造类似火烈鸟的起重机，原版的还在迈阿密。毕竟，瘦削的粉红色鸟和粉红的巨型结构都符合迈阿密的定位。

当人们在其他地区看到巨大的粉红色起重机时，他们会怎么说？这太"迈阿密了"！

唯一的风险

我希望你心里已经十分清楚，一旦你进行了必要工作并建立了"以客户为中心"的品牌，它就会反过来为你提供推广的勇气与动力。如果你创建的品牌既坚持了你的定位，又与你的客户产生了共鸣，那么你唯一的风险就是：无法以一种令人信服的、连贯的、一致的方式来推广它。

更重要的是，拥有并推广你自己的"以客户为中心"定位，可以为你带来你从来没有想过的机会。这是因为，如果你的品牌与客户产生了适当的共鸣，它将重新激发人们的想象力，让他们主动找到与你合作的方式、推广你的品牌和业务，因为这对他们也有好处。

每周我都会在各大公司的活动上演讲，或者邀请我的乐队参加社区音乐节，或者帮助公司或个人打造独特品牌。这是因为我的"以客户为中心"策略让人们看到了他们自己能做什么，并鼓励他们寻找方式与我们进行合作。

我必须承认，他们的兴趣实际上并不在我身上。相反，那些通过电话和电邮邀请我的人，思考的是如何通过与我的合作实现他们自己的目标。看到我在电视上讲的话，或者看了我书或博客，或者看到我在其他活动上讲话之后，他们就能想象得到和我做生意可以如何改善他们的生活。

最后……

多亏了我的"以客户为中心"品牌，那些我不认识的人才会想象和我一起合作会有多美好。

这是"以客户为中心"力量的真实写照。这也是我建立事业、拥抱友谊、发展人际关系，并持续成长发展的方法。

林登·约翰逊（Lyndon Johnson）总统的卫生、教育和福利部长约翰·W.加德纳（John W. Gardner）非常清楚地阐明了这一点："生活是一个无穷无尽的发展过程，如果我们愿意的话，这也是一个无休止的自我发现过程，是我们自己的潜能与我们所处生活环境之间无休止的、不可预测的对话。"

我希望你能深入观察自己，找出隐藏在显而易见地方的品牌价值，引起你目标群体的共鸣，并收获你应得的利益。

没有什么比得知这本书既为你提供了动机，又为你提供了发挥最大潜力的工具更让我高兴的了。因为这将使我的概念从"以客户为中心"转变为"以你为中心"（all about you）。

你要做的就是去做。用加德纳的话来说："唯一可能的稳定就是运动中的稳定。"

谢谢你的阅读。建立你的品牌吧，请告诉我"以客户为中心"是如何为你工作的。盼望你取得巨大成功的好消息。

参考资料

引言

In 2003 Toyota released its second-generation hybrid: "Toyota Prius," Wikipedia, https://en.wikipedia.org/wiki/Toyota_Prius.

The proof is in the sales numbers: "Honda Civic Hybrid," Wikipedia, https://en.wikipedia.org/wiki/Honda_Civic_Hybrid.

In July 2007 the *New York Times* quoted a CNW Marketing Research finding: "Say 'Hybrid' and Many People Will Hear 'Prius,'" *New York Times*, July 4, 2007, http://www.nytimes.com/2007/07/04/business/04hybrid.html?_r=0.

***Washington Post* columnist Robert Samuelson coined the term "Prius politics":** "It's All About Efficiency," *Washington Post*, August 4, 2007, http://www.washingtonpost.com/wp-dyn/content/article/2007/08/03/AR2007080301812.html.

Former Central Intelligence Agency (CIA) chief R. James Woolsey Jr. even went so far as to say: R. James Woolsey,

"How Your Gas Money Funds Terrorism" (presentation to the American Jewish Committee, Washington, DC, October 19, 2009), https://www.youtube.com/watch?v=jNDiQUBjR1o.

"I have a bumper sticker on the back of my Prius": Ben Oliver, "Oil Warrior," *Motor Trend Magazine,* May 2, 2007, http://www.motortrend.com/news/james-woolsey-interview.

"Hollywood's latest politically correct status symbol": "Prius Still Excites," *Independent,* March 25, 2012, http://independent.co.ug/society/motoring-/5451-prius-still-excites#sthash.LjvRomnc.dpuf.

Obama raised $760,370,195, more than twice as much as McCain's $358,008,447: "Fundraising for the 2008 United States Presidential Election," Wikipedia, https://en.wikipedia.org/wiki/Fundraising_for_the_2008_United_States_presidential_election.

"Pulling the plug on grandma": Brian Montopoli, "Grassley Warns of Government Pulling Plug 'on Grandma,'" CBS News, August 12, 2009, http://www.cbsnews.com/news/grassley-warns-of-government-pulling-plug-on-grandma.

第一章

"These arrangements were made on the website Task-Rabbit": Mark Milian, "Apple IPhone 5 Store Lines Include Hundreds Getting Paid to Wait," *Bloomberg Business,* September 21, 2012, http://www.bloomberg.com/news/articles/2012-09-21/apple-iphone-5-store-lines-include-hundreds-getting-paid-to-wait.

The term "First World problems" first appeared in a 1979 article by G. K. Payne in *Built Environment*: G. K. Payne, "Housing: Third World Solutions to First World Problems," *Built Environment* 5, no. 2 (January 1, 1979): 99, http://search.proquest.com/openview/35913e79a5b6f935687af70613b399e3/1?pq-origsite=gscholar&cbl=1817159.

"Ew, I start this f*** a** job tomorrow": cellla., Twitter, February 7, 2015, https://twitter.com/cellla__/status/564099253182554112.

One article, headlined "With an Apology, Brian Williams Digs Himself Deeper in Copter Tale": Jonathan Mahler, Ravi Somaiya, and Emily Steel, "With an Apology, Brian Williams Digs Himself Deeper in Copter Tale," *New York Times*, February 5, 2015, http://www.nytimes.com/2015/02/06/business/brian-williamss-apology-over-iraq-account-is-challenged.html.

The other, headlined "Pascal Lands in Sony's Outbox": Michael Cieply and Brooks Barnes, "Amy Pascal Lands in Sony's Outbox," New York Times, February 5, 2015, http://www.nytimes.com/2015/02/06/business/amy-pascal-leaving-as-sony-studio-chief.html.

The NBC host had a five-year, $10 million contract with the network: Brian Stelter, "NBC Trying to Keep Brian Williams—but Maybe Not as 'Nightly News' Anchor," *CNN Money,* May 31, 2015, http://money.cnn.com/2015/05/31/media/brian-williams-nbc-future.

Sony's executive's exit included a four-year guaranteed payout of $30 to $40 million: Cieply and Barnes, "Amy Pascal Lands in Sony's Outbox."

In 2014 Victoria's Secret UK showed a lineup of beautiful young: "That Campaign Against the Victoria's Secret 'Perfect Body' Ad?," *Independent,* http://indy100.independent.co.uk/article/that-campaign-against-the-victorias-secret-perfect-body-ad-it-worked--eks3-sVHwe.

"The two years of data collection shows": Chris Shunk, "TomTom Data Reveals US Drivers' Average Speed, Fastest Highway," *AutoBlog,* January 26, 2010, http://www.autoblog.com/2010/01/26/tomtom-data-reveals-u-s-drivers-average-speed-fastest-highway.

第二章

"The computer is like electronic cocaine": Tony Dokoupil, "Is The Internet Making Us Crazy? What the New Research Says," *Newsweek*, July 9, 2012, http://www.newsweek.com/internet-making-us-crazy-what-new-research-says-65593.

"The average person, regardless of age, sends or receives about 400 texts a month": Dokoupil, "Is The Internet Making Us Crazy?"

"The average user now picks up their device more than 1,500 times a week": Victoria Woollaston, "How Often Do YOU Look at Your Phone?," *Daily Mail*, October 14, 2014, http://www.dailymail.co.uk/sciencetech/article-2783677/How-YOU-look-phone-The-average-user-picks-device-1-500-times-day.html#ixzz41mli5e75.

"The research firm Forrester estimates that e-commerce is now approaching $200 billion in revenue": Darrell Rigby, "The Future of Shopping," *Harvard Business Review*, December 2011, https://hbr.org/2011/12/the-future-of-shopping.

"unprecedented access to what may become the largest online body of human knowledge": "Google Books," Wikipedia, https://en.m.wikipedia.org/wiki/Google_Books#Timeline.

"the democratization of knowledge": "Democratization of Knowledge," Project Gutenberg Self-Publishing Press, http://gutenberg.us/articles/democratization_of_knowledge.

"It used to take 10 or 12 minutes to get a clip into an Avid editor": Tony Maglio, "The Secret Weapon Behind 'Daily Show,' 'Colbert Report' and 'The Soup,'" *Wrap*, June 11, 2014, http://www.thewrap.com/the-secret-to-daily-show-colbert-report-and-the-soup-snapstream.

"Doing what's best for patients won't necessarily make them happy": Kevin Pho, "Be Wary of Doctor-Rating Sites,"

USA Today, September 14, 2014, http://www.usatoday.com/story/opinion/2014/09/14/kevin-pho-doctor-ratings-medicine-health-patient-satisfaction-column/15340309.

第三章

"The valuation of a bit is determined, in large part by its ability to be used over and over again": Nicholas Negroponte, *Being Digital* (New York: Alfred A. Knopf, 1995).

"How Ya Gonna Keep 'Em Down on the Farm (After They've Seen Paree?)": "How Ya Gonna Keep 'Em Down on the Farm (After They've Seen Paree?), Music: Walter Donaldson, lyrics: Joe Young and Sam M. Lewis. Published: 1919, Waterson, Berlin & Snyder Co in New York.

Louis C.K. was going on about the most innovative technology of the day: "Everything's Amazing, Nobody's Happy," YouTube, February 29, 2009, https://www.youtube.com/watch?v=q8LaT5Iiwo4.

But the videos of people dumping ice water on their heads: Mark Holan, "Ice Bucket Challenge Has Raised $220 Million Worldwide," *Washington Business Journal*, December 12, 2014, http://www.bizjournals.com/washington/news/2014/12/12/ice-bucket-challenge-has-raised-220-million.html.

Rolls-Royce's painstakingly installing 1,340 fiber-optic 92 in the $12,000 starlight leather headliners of their Wraith two-door coupe: "Under the Stars," Rolls Royce Motorcars, https://www.rolls-roycemotorcars.com/en-GB/bespoke/under-the-stars.html.

Jeff Meshel, author of *The Opportunity Magnet*, started the original group in New York City: Jeff Meshel, *The Opportunity Magnet* (Hobart, NY: Hatherleigh Press, 2010).

Campbell's theory of the "monomyth" held that all great myths and stories throughout history are simply variations

of one metamyth: Joseph Campbell, *The Hero with a Thousand Faces* (New York: Pantheon Books, 1949).

"Our customers are shopping not so much because of a desire to buy": Geoff Weiss, "How a 10-Minute Spot on QVC Turned This Woman into a $100 Million Cosmetics Mogul," *Entrepreneur Magazine*, http://www.entrepreneur.com/article/237379.

第四章

"there are no naming metrics, no real way to know if a new name helps or hinders": Neal Gabler, "The Weird Science of Naming New Products," *New York Times Magazine*, January 15, 2015, http://www.nytimes.com/2015/01/18/magazine/the-weird-science-of-naming-new-products.html.

"For years, Starbucks marketed itself as a 'third place,' an 'affordable luxury'": Panos Mourdoukoutas, "Starbucks: From a Third Place to Another First Place," *Forbes*, October 26, 2014, http://www.forbes.com/sites/panosmourdoukoutas/2014/10/26/starbucks-from-a-third-place-to-another-first-place/#cb651d06f8c3.

第五章

Daniel Pink explained that the way to assure business success is to create a compelling product persona that no one can copy: Daniel Pink, *A Whole New Mind* (New York: Riverhead Books, 2005).

第六章

Tom Brokaw wrote the book about the generation of Americans who grew up during the Great Depression and fought in World War II: Tom Brokaw, *The Greatest Generation* (New York: Random House, 2004).

One study, financed in part by Samsung, investigated how consumers' identification with a brand's attractiveness affected the value of the brand asset: Japanese Social Research, "The Effect of Brand Personality and Brand Identification on Brand Loyalty: Applying the Theory of Social Identification," Wiley Online Library, December 19, 2002, http://onlinelibrary.wiley.com/doi/10.1111/1468-5884.00177/full.

第七章

"To be a true Harley…it has to be cool": Dexter Ford, "Future Shock: Whispering Harleys," *New York Times*, June 19, 2014, http://www.nytimes.com/2014/06/22/automobiles/autoreviews/future-shock-whispering-harleys.html.

Legendary head coach Joe Paterno led the Penn State Nittany Lions from 1966 to 2011: "Penn State Child Sex Abuse Scandal," Wikipedia, https://en.wikipedia.org/wiki/Penn_State_child_sex_abuse_scandal.

the survey research firm Wilson Perkins Allen Opinion conducted a poll of over 1,000 adults: Wilson Perkins Allen Opinion, "Exclusive Polling Results," Framing of Joe Paterno, http://framingpaterno.com/exclusive-polling-results.

"Truth is stranger than fiction, but it is because Fiction is obliged to stick to possibilities; Truth isn't": Mark Twain, *Following the Equator: A Journey Around the World* (American Publishing Company, 1897).

I'd like you to watch a video on YouTube: Daniel Simons, "Selective Attention Test," YouTube, March 10, 2010, https://www.youtube.com/watch?v=vJG698U2Mvo.

Joachim de Posada, author of *Don't Eat the Marshmallow—Yet!*: Joachim de Posada and Ellen Singer, *Don't Eat the Marshmallow—Yet! The Secret to Sweet Success in Work and Life* (New York: Berkley Books, 2005)

第八章

"three largest forces on the planet—globalization, Moore's law and Mother Nature": Thomas L. Friedman, "The Age of Protest," *New York Times*, January 13, 2016, http://www.nytimes.com/2016/01/13/opinion/the-age-of-protest.html.

"The economy has been changing in profound ways": "President Obama's Final State of the Union Address," NPR, January 12, 2016, http://www.npr.org/2016/01/12/462831088/president-obama-state-of-the-union-transcript.

"Leave it alone! It's great, and right on target!": "Commonly Asked Questions (and Answers)," Marshall McLuhan, http://www.marshallmcluhan.com/common-questions.

第九章

In his book *Outliers*, Malcolm Gladwell suggests that it requires roughly 10,000 hours of practice to achieve mastery: Malcolm Gladwell, *Outliers* (Boston: Little, Brown and Company, 2008).

After all, we needed to sell Miami when *Time* magazine's cover story called our community "Paradise Lost": "Paradise Lost," *Time*, November 23, 1981, http://content.time.com/time/covers/0,16641,19811123,00.html.

"Life is an endless unfolding": John W. Gardner, "Personal Renewal, Delivered to McKinsey & Company, Phoenix, AZ, November 10, 1990," PBS, http://www.pbs.org/johngardner/sections/writings_speech_1.html.

"The only stability possible is stability in motion": John W. Gardner, *Self-Renewal, the Individual, and the Innovative Society* (New York: W. W. Norton & Company, 1964).

—— 突破 · 经管 突破 Break Through ——

《影响力核能》

[英] 西蒙·兰卡斯特 著

《激励核能》

[加] 彼得·詹森 著

《绩效核能》

李太林 著

《领导力核能》

[美] 约翰·马托尼 著

《团队核能》

[美] 克里斯蒂娜·考弗曼 著

《阿米巴核能》

胡八一 著

| 突破 · 经管 | Break Through |

  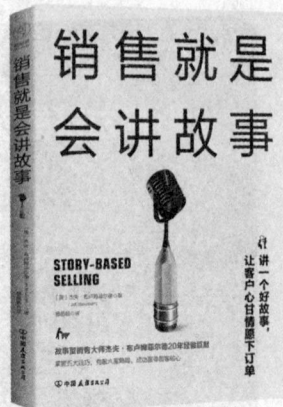

《NLP思维》
[英] 杰里米·拉萨路 著

《新手主管轻松带人》
王凤奎 著

《销售就是会讲故事》
[美] 杰夫·布卢姆菲尔德 著

《高情商管理者的6个习惯》
[美] 斯蒂芬·E.科恩
[美] 文森特·D.奥康奈尔 著

《复合型领导力》
[美] 埃里克·道格拉斯 著

《领导力思维》
[新西兰] 珍妮弗·加维·伯格
[新西兰] 基斯·约翰斯顿 著

突破 · 经管 | Break Through

《成交》

[美] 诺亚·弗雷明 著

《品牌化思维》

[瑞典] 托马斯·迦得 著

《突破》

[美] 琳达·古德曼
[美] 米歇尔·赫林 著

《正向管理》

[美] 马文·温斯伯德
[美] 桑德拉·洁诺夫 著

《正向激励》

[美] 大卫·哈德 著

《正向领导》

[美] 金·卡梅隆 著